プロが教える株式投資の基礎知識新常識

儲かる仕組みとお金の増やし方

林 知之

一生稼ぐ！
相場の
教科書

milestones
マイルストーンズ

まえがき

●食材かレシピか

必要な食材さえ手に入れたら、誰でもおいしいカレーを作ることができるだろうか——。

「これは料理の本?」などと、タイトルを見直さなくても大丈夫。間違いなく、株の売買、相場の張り方についての本である。

そして本書の狙いは、プロ投資家の思考に触れることによって、個人投資家が投資で成果を上げるための認識や考え方を一気に高めてもらうことだ。

言い方を換えれば、一般の投資関連情報、つまり情報発信者側のビジネス優先思考によって生まれた、残念な誤解に気づいてもらうことだ。

あなたがベテラン投資家なら、すでに経験から多くを学んでいるはずだが、頭に残る誤解の断片に気づいて、もう一段上のステージに向かってもらいたい。

話題となった「老後2千万円問題」を機に資産運用を考え始めた若者や投資未経験者ならば、株式投資を正しく認識する最短距離を進んでほしい。また、おカネのことを考え直そうというシニアは、人生経験のフィルターで本書の内容を整理、活用してほしいと思う。

さて、なぜ「食材」と「カレーの味」に触れたのかを説明したい。

世間の投資情報は、料理における食材（銘柄情報）にしか目を向けていない。しかも、食べてみないと（あとにならないと）わからない〝食材の良しあし〟（上がるか下がるか）に焦点を当てている。調理法＝レシピ（投資手法）や道具の選び方など、真の実践に必要なことが抜け落ちている。前述した「ビジネス優先の投資関連情報」の特徴である。

私は、「これが、金融業界における最大の問題だ」と常日ごろから考えていて、端的に概要を示すには身近なものと比較するのが適切だと考え、カレーにたとえてみた次第だ。

本書の内容は、無理やりに食材の良しあしを当てようとするのではなく、「たとえ食材がいまひとつでも、そこそこの結果を出す」調理法を考えることに重点を置いた『実践の書』である。

一般の入門書には書いていないプロの発想を紹介するため、「株は安く買って高く売るものという捉え方は誤解だ」など、ほとんどの読者が「えっ？」と思うようなことまで文章にした。

すべては、これまでに出会った実践家との意見交換で培った考え方であり、無責任な入門書や、投資家を〝踊らせる〟ことに主眼を置く業者の観点とは完全に一線を画するものと自負する。

●個人投資家の戦い方

本書を手に取った投資家が、「読んだだけで明日から儲かる方法を知りたかったのに……」

と落胆するか、「目からウロコ」あるいは「これまでにない観点が述べられている」と評価してくれるか、不安もあるが、もちろん後者を狙って本音だけをつづった。

本書に盛り込んだ数々の実践論は、実父の林輝太郎など、感覚を駆使する昭和の相場師から、コンピュータのデータ処理を活用して自動売買で稼ぐ現役のトレーダーまで、多数の成功者を見てきた結論であり、私自身が実践して確かな手応えを感じたものである。

結果として、深く切り込みすぎて、くどい部分もあるが、私たちが持ち合わせるデリケートな心理を大切に扱い、丁寧な考察をした結果だと受け止めてほしい。

最後に、一般向けの書籍にプロの発想を凝縮した理由を、別の観点からも述べておきたい。

株式市場に、アマチュアだけの場、初心者にハンディを与えてくれる場は用意されていない。コンピュータプログラムによる超高速売買、一匹狼の超ベテラン相場師、名だたるファンドマネージャーまでもが同じ土俵にいる。私たち個人投資家がプロ投資家と異なるのは、「失敗しても、追加の資金をもらえない」という一点である。では、表裏一体の強みはなにか――。

本書でプロ投資家の思考に触れ、社会人としてのバランスを保ちながら株式投資のあり方を考え、個人投資家ならではの〝戦い方〟で、満足できる結果を出してほしいと強く願う。

林　知之

2019年11月

プロが教える
株式投資の
基礎知識
新常識
01

入門書に書いていない
"儲ける"
ための基礎

1. なんのために株式投資をするのか ― 12
2. トレードと人間心理のビミョ～な関係 ― 20
3. 順張りか、逆張りか ― 28
4. チャートの読み方①～値動きは連続するのか ― 36
5. チャートの読み方②～理屈ではなく感覚で見る ― 44
6. 上げ相場と下げ相場のちがい ― 54
7. 信用取引はもろ刃の剣か ― 60

プロが教える
株式投資の
基礎知識
新常識
02

初心者が勘違いしている常識のウソ・新常識

1. 計画的ナンピンと〝ヤラレ〟ナンピン ―― 68
2. 「株は安く買って高く売るもの」という誤解 ―― 76
3. 移動平均線の実用性と予測の限界 ―― 82
4. 移動平均線、日経平均株価が使えない理由 ―― 92
5. 正しいトレードでは損が先行する ―― 100
6. 日柄を見ろ！～相場の要素を適正に観察する目 ―― 108
7. 「利食いドテンは愚の骨頂」～そんなにダメなことなのか ―― 116

プロが教える
株式投資の基礎知識新常識
03

株式投資は〝正しい技術〟を学べば上手くなる

1. 指し値注文か、成り行き注文か 124
2. 指し値を使った注文テクニック 132
3. トレード戦略とポジション操作 140
4. 分割売買で値動きに対応する 150
5. ツナギの単純な活用方法 157
6. 職人の売買「うねり取り」 162
7. 手仕舞いは「仕舞い」にあらず 170

プロが教える
株式投資の
基礎知識
新常識
04

プロの視点で相場と向き合う具体的方法

1. 個人投資家こそプロの視点をもつべき 180
2. 「引き算」の思考で、行動の精度を高める 188
3. タテ軸を見るな! 194
4. 値頃感（ねごろかん）で相場を張るな 204
5. 手法を比較する～優劣や違いを考えるポイント 212
6. 過去は未来を映す鏡ではない 222
7. 相場の予測とは何か～相場の時間軸「過去・現在・未来」 228

本書は、原則として、2019年10月末の情報に基づいています。
また、投資の判断は自分自身の責任において行ってください。

01

入門書に
書いていない
“儲ける”
ための基礎

1. なんのために株式投資をするのか

●意外とカンタン　金融のカラクリ

この本を手に取る読者の中には、株式投資について、まったくの初心者もいるだろう。だから、「おカネ」のことならばどうにか考えることができるけれど、「金融」と言われると頭痛がする、難しいと感じてしまう……そんな人もいるはずだ。

ひとくちに株式投資といっても、いろいろな種類がある。一種類に絞っても、売買する際のさまざまなルールがある。さらには、先物、オプションといった派生商品があり、同じ金融の分野には株以外にも、債券があったり投資信託があったり、幅広く理解しようとすると誰でも頭が痛くなるだろう。

私を含めた業界の専門家でも、ちょっとだけジャンルが異なると知らないことばかり。そこで、知り合いを頼って、その道のプロに教えてもらうことなど日常茶飯事だ。

どうしてそんなことになるかというと、「おカネ」というものが実に扱いやすい存在だからなのだ。ニワトリを飼えば、タマゴを産んでくれる。おカネがおカネを稼ぐように、利益をもたらしてくれる。でも、ニワトリは世話をしなければならない。場所も必要である。
ところが、おカネは場所も取らないし、銀行などを通じて瞬時に移動させることが可能だ。
しかも、誰が持っているおカネも同じ価値なのだ。

「お札」というモノで移動させることもできるが、おカネそのものはモノではなく、単なる約束事である。だから、複雑な仕組みに発展させることができ、結果的に「難しい」と感じてしまうのだが、本来は非常にカンタンな存在なのである。

株を売買する場合に、多くの人がカラクリやルールの勉強を敬遠する。だが、自分が活動する分野だけは、ちゃんとした知識を身につけてほしい。

株式投資に関する知識の習得は、海水浴をイメージすればいいだろう。海水浴場はプールとはちがうので、波もあればキケンな生き物だっている。波が起こる仕組みは知っていたほうがいいだろうし、触ってはいけない生き物くらい知っておくべきだ。でも、太平洋のど真ん中がどうなっているかなんて知識は不要だし、深海のことを勉強する必要もない。

意外と多くの人が、危険性を知らずに海辺で遊んでいるが、命にかかわることなので、ちょっと問題だ。同じように、おカネは命の次に大切なもの。やはり、ある程度の知識は必要だ。ただし、単なる数字の約束事で、小学校で習う算数とわずかな好奇心があれば、すぐに覚えることができるのである。

●資産形成のための株式投資

おカネがおカネを稼ぐ仕組みは、株式や債券といった金融マーケットだけではない。競馬や競輪、宝くじもあるだろう。

これらについて、「還元率」というものを考えてみる。参加者が投じた金額が「どれだけ戻ってくるか」という計算だ。

宝くじは還元率が低く、約50％しか戻ってこない。1億円単位の高額当選があり、当選金は非課税だが、購入者全体を計算した還元率自体は非常に低い。つまり、1000円分買った瞬間に500円損しているといえる。競馬、競輪、競艇、そしてオートレースは、だいたい75％の還元率だ。25％を運営側（胴元）がもっていくということである。

これらに対して、株の売買はどうだろうか。競馬や宝くじとちがい、勝ち負けを決する区切りが定められていないが、計算によると100％を超えるそうだ。企業の収益が配当として還元されるし、会社が成長すれば株価も上昇する。また、運営側（胴元）がテラ銭を取る仕組みがなく、主なコストは証券会社に支払う売買手数料だけだ。バクチと株式投資を一緒にするのは乱暴なことだが、こういった計算をすると株式投資の有利さを理解できるだろう。

株式市場は、日本をけん引する大企業が、事業に必要な資金を、多くの投資家から集める場である。孫正義氏が率いるソフトバンクが、ヤフーやアスクルに投資しているのと同じように、一般の個人が企業の株主になれるのだ。割合は微々たるものでも、上場企業のオーナーの権利を得ることが可能なのである。

還元率の低い競馬でも、適正な戦略によって利益を出している人がいるそうだが、株式投資ならば堂々とした経済活動、社会活動として認知されている。また、株式市場は、誰でも参加できる点が最大のポイントだ。年齢も性別も問われることはない。筋力や運動神経、動体視力も必要ない。

そんな参加自由な状態をつくり出しているのが、金融のカラクリ、おカネの仕組みのカンタンさである。株式市場で、ある会社の株が時価500円だったとする。初心者が買ってもベテランが買っても、同じ500円だ。大金持ちの実業家が買っても、学生がアルバイトしたおカネで買っても、やはり500円だ。

おカネが直接動く、ちょっと極端な世界なので、悪い輩も暗躍している。でも、おカネに関する正しい常識があればヘンな詐欺に引っかかることもないし、株式市場の数字は常に真実だ。ウソかホントかを見極める難しい判断や、ギリギリの駆け引きなんて、実は必要ないのである。

最後にもうひとつ強調しておきたいのは、「勝ち負けを決する区切りが定められていない」ということである。買った（売った）その日のうちに決済するデイトレードを選んでも、数カ月単位の上げ下げを狙った売買でも、ウォーレン・バフェット氏のような長期保有でも、自分の好きなように行動できる。

競馬や宝くじ、あるいはスポーツのように、カチッと期間が決められていないので、戦略の選択肢が無限に与えられるということだ。個人投資家のささやかな資金で大勝ちしても、巨大なマーケットには全く影響しないという、素晴らしい環境が用意されているのである。

●経験しないとわからないこと

強い衝撃を加えると口をきかなくなる恐れがあります……結婚式のスピーチで流行した「新婦の取扱説明書」の一節だ。

家電製品はもちろん、最近はスポーツ用品にまで取扱説明書が付いている。企業側は、法的な争いを前提にした言い訳を並べざるを得ないので、読んでいてうっとうしい記述も多いのだが、具体的な使い方や純粋な注意事項など大切な情報が書かれている。

さて、企業側の言い訳を器用に無視しながら取扱説明書を熟読しても、〝実際に使ってみないとわからないこと〟がある。「赤いボタンを強く押して」と書いてあったとしても、どれくらいの力で押すと反応するかは、現実に確認してみないとわからない。

仮に「約1キロの力で押してください」と具体的な数字が示されていても、実際の力の入れ具合を想像するのは難しいだろう。自動車ならば、アクセルを踏んだときの加速や、ブレーキを踏んだときの減速の度合いは、運転してみないと確認できない。

つまり、理屈だけでは片づかないことが、現実では山積みということだ。

トレードは、おカネのこと、経済のこと、という認識があるし、スポーツや車の運転のように〝からだを使う要素〟がないので、「頭で考えるだけで実行できる」と考えがちである。

しかし、現実はちがう。頭の中だけで完結すると思っている「判断」や「決断」にも、〝からだ〟が大きく作用するのだ。

ダイエットをしたいと願っている人は大勢いるし、誰もが効果的なダイエット方法を知っている。世の中、情報だらけなのだから……。

だが、実行している人は極めて少ない。新しい情報に触れて「この方法ならカンタンだし続けられそうだ」と感じたとしても、実行しない、実行しても3日ともたないのが現実だ。

トレードにおける判断も、それまでのさまざまな経験や、幸か不幸か周囲からゲットしたアイデアが蓄積された「からだ」に大きく左右される。例えば、大暴落のさなかに「こういう場面は狼狽売りせず、むしろコツコツと拾っていくべきだ」と頭で考えても、いざ実行となると動けないものだ。そして、数週間後に「やっぱり、売ったところが底だったなぁ……」となる。

系統立った手法、あるいは何か小さな判断基準について、理屈で考えて「これはいい」と納得したとしても、それに慣れていないと使いこなせない。また、実際に大切なおカネを投じてポジションを動かしてみないと、「机上の論」が現実ではどのようになるか、プレーヤーとして何を感じるかなど、とても大切な部分を真に理解するには至らないのである。

頭でっかちになるな！　人間の特性というものを経験から痛感しているプロたちが、戒めとしている大切な発想である。

●トレード手法とは

トレードにおける手法とは、予測を当てにいく行為ではない。予測が当たったり外れたりする現実をストレートに受け入れ、当たったときの対応（持続と利食い手仕舞い）、外れたときの対応（ポジションの修正、損切り）を決めておくのがポイントである。

「予測法」は重要だ。「予測は当たらないことが前提」というのがトレーダーへの戒めだが、「どうでもいいや」とサイコロをころがすなんてのは非現実的だろう。何の思想もないようでは、手法全体を構築したり改善点を見つけて修正していくことができないからだ。

「当てにいく」という感覚は必要なものだ。とはいえ、「当てなくっちゃ」という感情は害にしかならない。先のことなど絶対にわからない状況で、利益の可能性をつくるためにポジションを取る——これがトレードだから、予測はあくまでも「想定」であり「仮説」なのである。

時々刻々と変化する株価を見ながら〝次の一手〟を決めて対応していくことが求められる。

予測不能の変化を相手に立ち回ろうというのだから、自分のポジションと自分自身を上手にコントロールするための作戦が必要だ。その作戦が「予測法」と、それに基づいた「ポジション操作」である。そして、たまたまの負けが続くなど期待外れの現実が起きても、決して資金を大きく失ったり、心がポキッと折れたりしないために、ポジションサイズ（数量）を含めた「資金管理」が欠かせないのだ。

多くの人が、これら3つの要素のうちの「予測法」にエネルギー（時間と労力）の大部分を傾けている。

その結果、自分の力では〝答え〟を出せず、すぐに他人の予測を頼ることになる。専門家の予測なら当たる、有料の予測なら的中率が高い、とはいえないし、そんな現実も理解しているのだろうが、「いざとなったら誰かのせいにできる」という無意識の働きからだろうか、他人の予測に乗って〝決め打ち〟のポジションをつくってしまう。

そこに「ポジション操作」の要素はなく、状況に応じてコントロールしていく発想はゼロに近い。本当は、先ほど〝戒め〟と示したように、「予測が外れることを前提に行動する」ことが必要なのだ。ゆがんだ考え方でもなければ、妙にストイックな姿勢でもない。

結論として、「予測法」は非常に単純なものにとどめ、予測と連携した「ポジション操作」に重点を置くのが正解だということがわかる。

2. トレードと人間心理のビミョ～な関係

●価格推移と人間心理

まずは、次ページの図を見てほしい。株価の推移について、「下落↓底打ち↓上昇↓天井↓下落」というサイクルと、買い戦略で臨む投資家心理を重ねてみたものだ。

下げ相場では不安を感じる。「もう下げなくていい！」と言いながら、手持ちポジションを切れないままでいることが多いだろう。

ちなみに、仮にカラ売りしていれば、下げることで利益が増加するが、参加者が離散していく下げ相場は、カラ売りしている人でさえも暗いイメージをもつ不安な状況だ。

下げ止まりの雰囲気が強まって「もう下げない」と感じながらも、将来のことなど見通せるものではない。「ここで買わなくちゃ」と思いつつも、疑心暗鬼になるのだ。

さて、実際に上げ始めると、「やっぱり」などと言いながら興味（関心）は高まる。だが、まだ買ってはいない。あるいは、本格的には買えていない状態だったりする。

確信が生まれて買いポジションを取り、そのポジションの感触から自信をもつのは、得てし

図表1-1◎株価サイクルと投資家心理

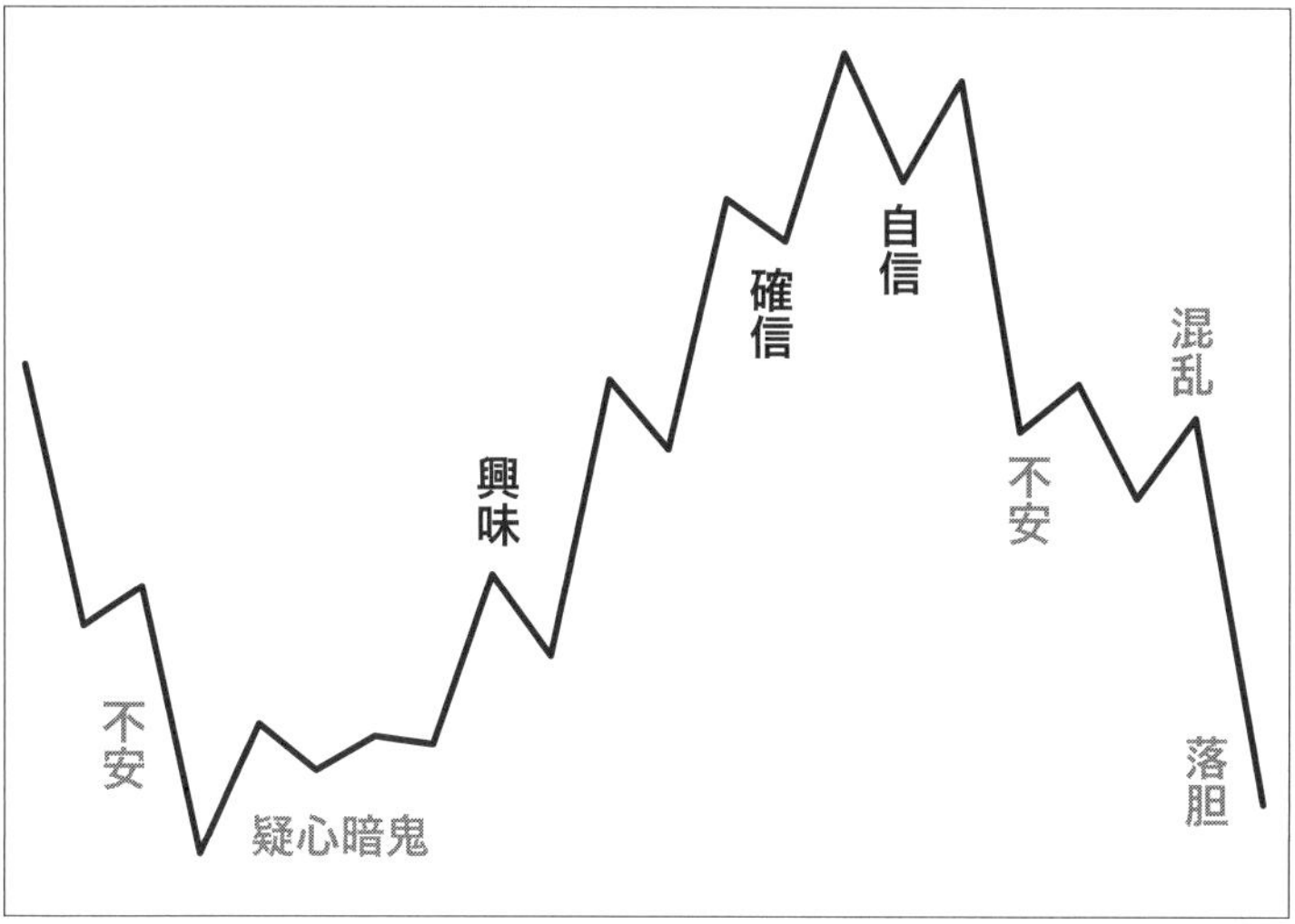

て株価が伸びきった天井圏だったりするものだ。

今までも上げてきた、みんなが買いだと言っている、上げ相場を支持する情報もたくさんある……こうなってはじめて安心するのが、人間の心理なのである。

ところが、期待したのも束の間、相場は下げ始める。再びの不安、混乱のうちにドンドン下げていく。そして、「あんな高いところで買わなければ……」と落胆するハメになる。

よくあることだが、これを真逆にしたいと考える。だが、そんなことができるのだろうか？

私は、イバラの道だと思う。マーケットに参加しているのはみな、常識ある社会人なのに、図で示したようなことになっているのだから、自分だけが〝お利口さん〟になろうなんて、おこがましいと考えたほうがよさそうだ。

もし自分をビシッと律することができ、儲けを夢見ながらも損を怖がるのではなく、常に合理的かつ冷静な判断と行動を取れるようになったら……それほど満足いく超人のレベルに達する前に、悟りをひらいておカネに対する興味を失っているのではないだろうか。

●儲かる数式探しをするな

トレードは、すべてを数字で片づけられる世界だが、計算が及ばない予測不能の値動きが相手なので、合理的に行動しようとしても空回りしやすい。少なくとも私たち個人投資家は、時として感情丸出しになってしまう生身の人間である。

「切った張った」のバクチをやっているわけではないので、緻密に計算して利益を狙うことが多いのだが、例えば突飛な変動を特別に評価したり、逆に無視したりと、感覚による自由な発想を優先させるケースだって少なくないだろう。

そもそも、「トレードで勝ちたい」という感情的な欲求があるし、「儲けたおカネを楽しく使いたい」という気持ちが根底にあるはずだ。そんな人間くさい部分が前面に出てジャマをしないよう、「ルールを決めて売買に臨もう」という発想になるのだが、人間ならではの創造性こそが利益を生み出す源になるべきだと私は考えている。

やみくもに〝儲かる数式〟を探してはいけないのである。

極端な例を出そう。

駅から自宅までの道を歩きながら何気なく道端に目を向けたら、1万円札が落ちていた……こんなことがあったあと数日間は、なんとなく道端が気になるだろうが、1カ月後も2カ月後もずっと道端に注意しながら歩くことはない。たまたまの出来事だと認識しているからだ。

しかし、視野が狭い状態で考えた場合、「道端を見ながら歩くと1万円札を見つけることができる」と結論づけてしまうかもしれない。

おそらく二度と起きることのない成功を夢見て、常に横を見ながら歩くようになり、不注意なドライバーが運転する車とぶつかるリスク、自転車に乗りながらスマホをいじる困ったヤツとぶつかるリスク……そんなものを背負い込む結果となるのだ。

システムトレード（コンピュータを使った機械的売買）では、さまざまな判断をコンピュータのプログラムに任せる。場合によっては、証券会社に注文を出すところまで任せる「自動執行」を行う。

コンピュータの中におさまっているプログラムは、単純な数式のかたまりである。

だが、個々の数式、あるいは一連の数式が意味するものは、そもそも人間の自由な発想から生まれたものだ。だから、根底にある人間くさい部分を無視して「数式ありき」の姿勢に傾くと、思わぬ盲点が生まれてしまうのだろう。

前述した例は、たった1回の成功から結論を導き出すミスだ。

本来は、翌日も翌々日も1万円札は落ちていなかったという事例が加わって、「再現性が期待できない」との結論に至るはずである。

データ量が増えることで〝信頼性〟が増し、数式の限界を知ることになるのだ。

●勝率の落とし穴

特定の予測法、あるいはトレードシステムを目の前にすると、多くの人はまず「勝率」を気にする。しかし、多くの人に注目される分だけ、実は盲点が生まれやすい観点なのだ。

トレードする期間、つまりポジションを持っている日数が一定の範囲ならば、「勝率」として割り出した数字を単純に見ることで、ある程度の評価が可能だ。

しかし、幅広い手法を考える場合、勝率という数字の捉え方にも相当な幅が生じる。そこで、思い切って別のアプローチをしてみよう。

相場の予測は、波動の変化を捉えようとするものだ。

実際、緩やかな上昇を想像する場合もあれば、「全く動かないかもしれないが、急騰もあり得る」なんて予測をする場合もあるだろう。ここには、「値幅」という要素が入るわけだ。

300円で買って301円で売った、たった1円だが「勝ち」である、というのが勝率の計算による答えだろうが、そういった捉え方を否定しようという発想である。

もうひとつ提唱したい要素は、「期間」だ。

500円で買った銘柄が600円になったら、2割の利食いだ。でも、期間が1カ月だったら素晴らしく、10年も経過していたら「たいしたことはない」と評価されるだろう。

ポジションを持つのが短期間で、必然的に損益の値幅もほぼ一定ならば、「勝率」が実質的な結果（成績）と考えてもいいのだろうが、いろいろなケースがあるので、表面をなぞるような計算はダメだ。「トレードシステム」とくくったときは、一定の範囲に限定されるので「何も落とし穴がない」という前提が生まれやすいのだが、実はその部分にこそ、誤った思い込みが生まれる可能性があると思う。

上がると予測して株を買ったとする。

この場合の予測には、「値幅」と「期間」があるはずだ。「半年後に最低2割は上昇しているだろう」といった波動の予測である。

実際に半年後を迎えたとき、予測通りに2割以上の上昇があれば「当たり」である。下げていた場合は、もちろん「外れ」だが、買い値を1円しか上回っていなかった、それなりに上がったが1割の上昇にとどまった、といった場合も、〃値幅と期間の2つを考えたものこそが運用の結果〃だとすれば「外れ」に分類しなければならない。

こう考えていくと、当たる確率はかなり低くなってしまう。だが、半年後に5割上昇している可能性もあるし、期待した2割を1カ月で実現することだってある。

いっそ簡潔に整理して、上がった（当たり）、動かなかった（外れ）、下げた（外れ）としてみよう。この場合、予測が当たる確率は3分の1、つまり「33・3％」である。

話を難しくしたあとで突然、安易な数式にしてしまったが、多くのプロが口にする「実際にちゃんと当たるのは3、4割が限界」という言葉とほぼ一致するし、私は、このあたりが本当の現実だと考えている。

●トレードの利益

トレードの利益＝勝ち回数×平均利益－負け回数×平均損失

勝ちもあれば負けもあるのがトレードだから、説明するまでもなく、当たり前の計算式だ。しかし、こうして数式で示して理論的に考えてみることも大切なのだ。

勝率をガンガン上げることはできない。つまり、「勝ち回数」と「負け回数」はほとんど変化させられないわけだ。

そこで、答えが明確になる。「平均利益」を伸ばして「平均損失」を抑えるしかない。

では、数式について、もう少し突っ込んで考えてみよう。「利益」を決める要素は何か、ということである。

単に「値幅」だけではない。

利益＝値幅×数量（ポジションサイズ）

なのである。

勝率がほぼ50％だとすると、黙って繰り返すことで、手数料などの経費分だけマイナスになる。労力もムダになる。一発でドカンとヤラレるリスクもある。しかし、たとえ勝率50％でも、予測が当たったときに大きく値幅を取るようにすれば、トータルはプラスだ。

逆に、外れたときのヤラレの幅を小さく抑えることができれば、ダブルの効果である。

「当たったときに数量が極めて多い」なんて発想にはムリがあるが、分割のテクニックをうまく使えば「外れたときに数量が少ない」という結果は、そこそこ実現する。

「ピシピシ当たり続ける」などという絵空事を忘れ、現実的に利益を追求するためには、こうした地味な〝損小利大〟を実現するしかないのである。

3. 順張りか、逆張りか

●教科書通りの逆張り

まずは次ページの図で、平均値を有利にする教科書通りの逆張りを考えよう。だいたいCの直前くらい、つまり「そろそろ底だ」と判断した時点で買い始める。人によっては、「Bから買い始めてOK」と言うかもしれない。

このあたりは微妙だし、1つのイメージ図で議論するのは難しいが、いずれにしてもAでは早すぎるだろう。Aで買い始めるようでは、買い下がっていく計画的分割買いの第一歩とは呼べないほど時期が早すぎ、単に逆行するポジションを持つだけになってしまうからだ。

図では下げきった直後のCが最安値だが、その後の保合《もちあい》Dが良い拾い場だし、実際にはDで最安値をつけたり、Dの末期で〝ダメ押しの底〟を形成して最安値を更新するケースもある。

このあたりは読みきれないから、いくつかのパターンを思い描きながら自分なりにシナリオを考え、予定した数量を仕込みつつ、可能な限り平均値が安くなるようにしていく。計画的な分割をしながら、緻密な観察と丁寧なポジション操作でうまくやろうというわけだ。

図表1-2◎底値圏の動き（イメージ）

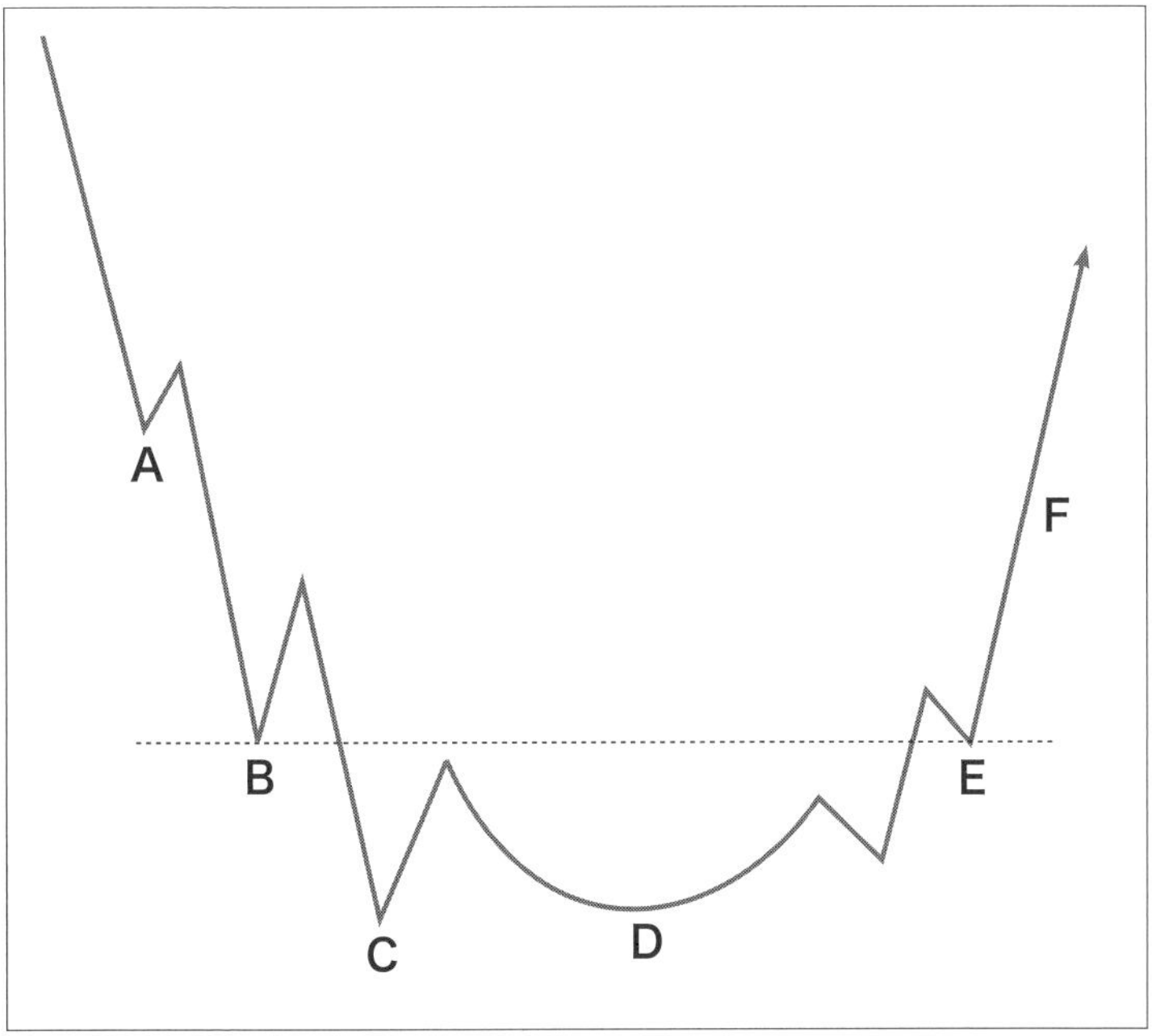

もちろん、予測は難しいから、ピシピシと当てにいくのではなく、悔しい思いを何度も繰り返しながら計画した数量を仕込んでいく、平均値が安くなるよう努める、そもそも見込み違いだったから撤退という選択肢も忘れない――こんな臨機応変な対応である。

●正確な定義はない

以上が教科書通りの逆張りだが、相場用語は非常に情緒的で、私たちが日常使っているカジュアルな表現と同じか、それ以上にあいまいな部分が多い。

大切なカネが絡むし、数字で示さ

れているから、「論理的に定義されたもの」と思ってしまう向きも多いが、値動きに関する表現には〝自然言語の極み〞みたいなところがある。

例えば、株価変動に対して擬人的な表現を用いる。期待通りに上がらないが下げていく気配はない――こんな状況を「このあたりが居心地いいようだ」などと言う。

株価という数字をつかまえて「居心地がいい」なんて、考えてみるとヘンだ。もし気象予報士がテレビで、「この低気圧、日本海側の沿岸が、居心地がいいようです」などとコメントしたら、苦情が殺到しそうだ。

だが業界紙などで、株価を擬人化した情緒的表現をしても、誰も文句を言わないどころか、多くの人が素直に受け入れる。小動きの保合から上に放れかけているような動きを指して、「上がりたがっている」などと言うこともある。

前置きが長くなったが、「順張り」「逆張り」という相場用語も、相場の機微に触れて揺れ動くプレーヤーの心理が絡むから、非常にあいまいなコトバなのである。ROE（Return On Equity＝自己資本利益率）といった用語とは一線を画している。

さて、28〜29ページで示した逆張りは「値動き」を基準にしている。そうではなく、「〝玉の入れ方〞を基準にした逆張り」もある。この図でE以降、つまり上昇トレンドに移行したあとでも、押したタイミングで買えば、玉の入れ方としては逆張りと呼ぶのだ。

トレンドが出たあとに出動し始める、ただし押し目買い（下げトレンドでは戻り売り）に徹する——こんなこだわりをもつ人は多く、人によっては「順張りの逆張り」などと称している。トレンドについていくので順張り、でも冷静かつ慎重さを保つために逆行で玉を入れる、だから順張りの逆張り、というわけだ。

カチッとした定義を重視する立場なら「メチャクチャな表現」といえるが、相場の世界では誤りではないのである。

●基準とする期間によって答えは異なる

再びイメージ図を基に説明しよう。

買うタイミングが、CやDなのか、Eなのか、F以降なのかと、この図だけで議論を進めてきたが、Aの手前にある高値やF以降にあると予測される高値まで考える、つまり長い期間で観察したら、B、C、D、Eのいずれもが「安値圏」と認識できる。そして、「安値圏で買うのだから、どこでも逆張りじゃないか」といった意見が出てくるのである。

しかし、ここまで話を広げてしまうと、それこそ身もふたもない。結論が出ないまま、永遠に続いてしまう。だから、ここまでの記述から、まとめを示すことにする。

〈逆張り1〉

「そろそろ底だろう」と見当をつけたところで買い始め、買い下がり、あるいは安値ほど厚く買うことで平均値を有利にする。上昇に転じた段階では予定の数量を仕込み終わっている。売り玉（カラ売り）を仕込む場合は、この逆になる。

〈逆張り2〉

単なる玉の入れ方で、上げトレンドの押し目買い、下げトレンドの戻り売りを行うこと。

定義としては以上の2つがあり、人によって逆張りが示すものが異なる、あるいは同じ人でも状況によって使い分ける、ということだ。

●基本のイメージは「順張り」が正しい？

ここで用語の定義から離れ、売買の本質といったところを考えてみたい。

「上げ思惑」などという泥くさい表現もあるように、買いポジションを取る理由は「大きく上がると思うから」である。

「大きく」が大げさに響くなら、「ある程度」でもいい。

とにかく、チマチマとした上げ方を予見して買うのではなく、一定の値幅が、ある程度の期間で実現するという気持ちがあるから買うのである。買ったあとググンと上がってカネを手にしたい、それが実現しそうだと考えているわけだ。

「だったら、チマチマと教科書通りの逆張りを試みることはやめよう」「上がり始めてから乗っかればいいではないか」という発想がある。前述したように、実際にそう考えて実行している人は多い。

終電が走ったあと、車庫にある電車に乗っていれば（忍び込む必要があるが）、いつか必ず走る。朝が来れば動き出す。しかし、長々と待つことになりそうだ。

それならば、動き始めてから乗ればいいじゃないか、長々と待つくらいなら走り始めた列車に飛び乗るほうがリスクは小さい……かなり雑なたとえだが、まさにこんなイメージである。

実はこれが、最も多くの実践家から支持を得ている考え方なのだ。儲ける方法として「安く買って高く売る」と説明されるが、当たり前すぎる。間違っているわけではないが、実践のイメージには結びつきにくい。

慎重な買い方をする人でも、弱々しい銘柄を選ぼうとはしないだろう。元気のある銘柄を選び、大きな上げを期待して乗るのだ。

これを少し大げさにいうと、「高く買って、さらに高値で売る」と表現することができる。

実は、多くの実践家が正しいと認めるイメージなのだ。

もちろん、この言葉通りに実行すれば危なっかしい飛び乗り戦法になりそうだから、見込み違いだったときの損失を考え、平均値を有利にする試みを捨てず、できれば他人よりも先に安く買っておこうとするのは当然だ。「ダボハゼ」とか「イナゴ」と呼ばれるような、節操のない売買は慎まなければならない。

いずれにせよ、数々のテクニックはすべて、上げ（下げ）の波動に〝乗る〟ためのものだ。安く買い仕込んだだけでは儲からないし、高い値段で売り玉をつくっても、さらに上がれば損をする。テクニックを考える前に、値動きを素直に観察するべきだと思う。

●乗せ

テクニックといえば、「相場の究極は乗せ（利乗せ）である」と語る実践家は多い。私の父・林輝太郎も、「乗せ」の重要性や奥深さを強調していた。

買い思惑ならば安値圏で仕込むが、物理面と精神面の両方で時間がかかるのはイヤだから、「上げの動きが明確になってから増し玉していこう」という考え方だ。

こうしてポジションを持つ期間をなるべく短くすることを重視すると、モタモタとした安値圏（売りならば、荒い動きの高値圏）での建玉比率が落ちるから、平均値は不利になる。

そこで、乗せの数量をどう調整すべきかといった議論があるわけだが、「動いた。それいけ！」という自然な行動を取りながらも、安値圏での仕込みもあって平均値はそれほど不利にならず、理論上は合理的といえる。もちろん、実践するのは難しい。

また、乗せというほどではないが、最後に〝決め打ち〟の玉を残しておくという方法もある。例えば、100株からスタートする不当分割で合計1000株買うとする。安値圏において丁寧に、100株、200株、300株、300株と買い、合計が900株になった時点でいったん終了する。

動きが出てきて「よし、見込みは正しかった」と判断してから、その後の押し目で最後の100株を入れて1000株にそろえる、というやり方だ。

乗せる数量が小さいから物理的な効果はわずかだが、自己コントロールの面で大きな意味がある。安値圏で900株仕込んだ段階で「よし終わった」とは思いにくい、つまり「見込み違いなら全玉を切って出直す」という覚悟が心の中に残りやすいわけだ。

こんなことまで考えると、「順張り」「逆張り」という用語の意味があいまいで、エンドレスな議論に及ぶことを十分に理解してもらえるだろう。

4. チャートの読み方①～値動きは連続するのか

●ケイ線屋になるな

ケイ線屋、足を引き引き足を出し

古くからシマ（相場業界）に存在する相場川柳だ。現在は、科学的な分析や詳細な統計データなどを持ち出す傾向が強まっているからだろうか、ほとんど耳にしなくなった。

「足を引く」は、チャートを描くこと。「足を出す」は、相場が曲がって損失を出し、預けてある資金以上に負けて証券会社に借金が残ってしまうことだ。

考えてみると、チャートはパソコン画面でいつでも見られるし、受注のルールが厳しい現代では、よほど急激な値動きがない限り、足が出てしまうことなど考えられない。こういったことから、この川柳は最初から最後まで、古めかしいものなのなのかもしれない。

「ケイ線屋」などという皮肉った表現も、今では通じにくいのだろう。

おそらく若い世代は、チャートを手描きするという発想すらもっていない。もしかしたら、東京から大阪まで移動する際に「歩く」という発想がないのと同じくらい、ペンと定規でチャートを描く作業は特殊なのかもしれない。

価格の予測をチャートに求める人たちは、例えば「オタク」などと特別視されることがある。そして、チャートによる予測に対して狂信的な傾向をもつ人を、ネガティブなイメージで呼んだのが「ケイ線屋」という言葉なのだ。

値動きの確認で見るだけか、神経質にチャートを観察して「当てにいく」のか――チャートの用途を完全に二分するのも極端だが、2つの方向性を土台に議論していくべきだと思う。

前者がふつうのトレーダー、後者がチャートを狂信するトレーダーということだ。

林投資研究所では、チャートを重要視している。そして、手描きすることを強く推奨している。だが決して、狂信的な「ケイ線屋」になることを提唱しているわけではない。

チャートは、バランスの良い売買を展開するための重要な〝道具〟という位置づけだ。

チャートを疑問視する意見なども取り上げながら、私のチャート観を説明していこう。

●答えを出す必要がある

マーケットにおける将来の予測は難しい。価格変動を観察しながら「できれば将来の株価を当てたい」と考えている私たち参加者自身が、価格の変動をつくる当事者だからである。

とはいえ、「当てたい」「知りたい」は自然な欲求だろう。その延長で「誰か知っている人はいないか?」と考えてしまうのが人情だが、そんな路線に進むのは、思考停止、他力本願、自己責任放棄、当事者意識の欠落、等々、プレーヤーとしての姿勢が誤りだと指摘される。

だから必死に考えるのだが、将来の価格を知る術はない。

だが、「考えたって、どうせわからない」とサイコロをころがしてポジションを取るわけにもいかないから(実は安定した〝的中率〟が得られるのだが)、ファンダメンタル派は多くの内部要因や外部要因を分析する、テクニカル派はチャートの分析に力を入れる、ということになる。答えを出さないと、トレードが始まらないからだ。

実際には、分析してポジションを取り、その後の値動き推移で再び分析したりポジション調整をするのだが、ここではチャートそのものに焦点を当てて考える。チャートで何がわかるのか、われわれはチャートに何を求めるべきなのか、というのがテーマだ。

●値動きは連続しない?

私はチャートがトレードに必須だと考えているが、チャート否定派の意見にも注目すべき点がある。「価格が移り変わるのは事実。だが、その時々の価格を線で結んだり、連続したものだと考えるのは理論的ではない」。彼らはこう主張するのである。

取引所で価格がつくのは、売り注文と買い注文の条件が合致して取引が成立したからである。その際に売り注文を出した参加者は、100株売っただけかもしれないし、1万株の売り注文を出したうちの300株が約定した結果かもしれない。いろいろな状況があり得るため、「個々の取引がバラバラに成立したにすぎない」という捉え方は、たしかに間違っていないといえる。

チャート否定派は、この点を重視し、〝値動きが連続する〟かのように線でつなげていく行為に異議を唱えているわけだ。一理あり、チャートというものの弱点をあぶり出している。

●チャートは数量を無視している

チャートを使って見ようとしているもののひとつに、需給バランスがある。その需給を計るにあたっては、取引の数量を考慮するのが正しいともいえる。しかしチャートには、取引された数量という要素は盛り込まれていない。例えば個別銘柄の日足において、1日の出来高がわずか1000株でも、商いが膨らんで100万株でも、一定の幅でヨコ軸が推移するのだ。

例えば、東日本大震災のあとの急落場面について、出来高の多寡を計ってチャートのあり方が議論されることはない。そして私は、この時の一時的急落を表した月足の下ヒゲを、往々にして無視している。大きな流れを大ざっぱに受け止め、極めて感覚的に見ているからだ。

そんな〝ユルい〟見方が許される理由は、以下の通りだ。

①すべての動きを説明しようとしていない

②常に売買することなど想定していない

③結論として、限定的な出動場面が見つかればいい

実践的に考えれば当然だが、多くの人が「チャートとは」と考えた際、「どれだけ当たるのか」といった表面的な観点に偏る。そしてチャート否定派が前提とするのも、この観点なのだ。「数量の要素を加味していない」という問題も、実践的なチャートの使い方では、人間の能力で補正できる事柄で、特に問題として取り上げることではない、と結論づけることができる。

●へ理屈か丁寧な議論か

突発的な動き、「多くの銘柄が東日本大震災直後に急落して戻した」ことに関連して、別の角度からもチャートの形について考えてみたい。

地震が発生したのは2011年3月11日（金）で、市場が乱高下を演じたのは翌週、3月14日からの週だった。つまり急落と戻りは月の半ばの出来事だったので、多くの銘柄が月足（ローソク足）で大きな下ヒゲになったのだ。

では、急落がたまたま月末だったならば、どうなっていたか——。

日足ならば月中も月末もなく、同じように下げと戻りがチャートに表現されるが、月足ならば、下ヒゲの短い大陰線と翌月の大きな陽線になっていたわけだ。あるいは、戻りの途中で月末を迎えていたら……3月と4月それぞれの月足の姿、また2本を組み合わせた「線組み」（※）は、さまざまなパターンがあり得る。

値動きに連続性があるという前提に立ち、しかもカレンダーにおける月の初めから末までを1本のローソク足に描く方法は、非常に〝もろい〟ものだという否定論が浮かび上がるのだ。

だが私は、こういった観点がチャート観察そのものを否定することにはならないと考える。チャートの枝葉末節な部分を取り上げて「当てにいく」姿勢が否定されるだけで、実践家は、この弱点を容認したうえでチャート観察のポイントを絞り込んでいるからだ。

こうして、少ない本数のローソク足を組み合わせて強弱の判断に直結するようなアプローチを、まずは排除したい。少なくとも、具体的なポジションの取り方や、その後の対応などを考えずに「型」だけを重視するような〝非実践的〟予測法は認めたくない。

※線組み　ローソク足において、複数の線をまとめて、強弱やすう勢をみる考え方。隣り合った2本の組合せを基本としている。

●見る範囲を広げればいい

「線組み」を否定したが、日本独自のチャート形式であるローソク足には、やはり価値があると思っている。白抜きの陽線と黒塗りの陰線に、高値と安値をヒゲで表現した1本の足で強弱を見る方法には、一定の有効性があると考えられる。

例えば、「下ヒゲの陰線は、売り一巡後に戻したが寄付までは戻りきらなかった」といった定義のようなものである。

だが、こういった一面的な見方を「ポジションの取り方」にまで結びつけようとするところから、誤りが始まる。

まず、「当たるかどうか」といった議論が起こる。そして、「チャートによる予測は不可能だ」という否定論が生まれ、最後には「値動きに連続性はない」「チャートというものの存在自体がおかしいのだ」といった意見が出てくる。私は、こういった論争に至ることそのものがおかしいと考えているのである。

1本ごとに値動きの〝ストーリー〟を思い浮かべることのできるローソク足であっても、大きな流れを見ることを最優先させれば、狂信的な「当て屋」の姿勢は生まれないし、お遊び的な予測につながることもない。

●チャートの否定が出発点？

私たちがチャートを必須と考える理由は単純で、前述したように「答えを出さないと行動できない」という一点なのだ。

価格には連続性がない、つまり「値動き」という概念は極めてもろいのかもしれない。だが、その考えの先には、「トレードで利益を上げることはできない」という悲しい結論しかない。

ファンダメンタル分析に傾倒せずにマーケットで利益を上げようとする相場技術論者は、チャートが不完全なもので、高い確率で予測を当てることもできないことを前提に、ポジション操作のあり方を考えている。

つまり、チャート否定派の結論が、前向きな出発点になっているのだ。

値動きを時系列で記録し、あやふやながらも「上げ」「下げ」というトレンドがあると想定し、それを基にトレード戦略を考えていこうとしているのだ。「わからない。だから手を出さない」という場面のほうが圧倒的に多いことを容認し、「わかる」と判断して出動する場合でも「予測の的中率は決して高くない」ことを承知しているのである。

底の翌日に天井を打つことはなく、天井の翌日に底を打つこともない――当たり前のことだが、これを「天底の移り変わりには一定の期間が必要」と単純に捉え、「だったら、そこに上げ下げのトレンドが発生するじゃないか」と、実践の突破口を見いだしているのである。

5. チャートの読み方②～理屈ではなく感覚で見る

●トレンドは仮説

チャートの存在そのものを否定する人たちは、次のようにいう。

「マーケットでは個々の取引が多数起こっているだけだから、ローソク足のように複数の要素を1本の線にするのはおかしい。また、値動きが日々あるいは月々、連続しているかのようにつなげていく折れ線チャートも理屈に合わない」

この理屈は認めざるを得ない。だが将来を考えるうえで、「今は上向きなのか下向きなのか」を自分なりに決めないとポジションを取ることができない。だから、ムリがあることは承知で、値動きに連続性をもたせたチャートを使うのである。

株価のチャートをジッと眺めている人は時として、狂信的でおかしな人物と評される。だが、チャート否定派の理論こそ、「将来を当てられるか」「数あるチャートの表現方法に合理性はあるか」と、よほど狂信的な思考をしていると感じる。

相場の方向性（トレンド）を、仮にでも決めないと行動できないから、チャートを引いて仮

図表1-3◎同じローソク足でも途中の動きはさまざま

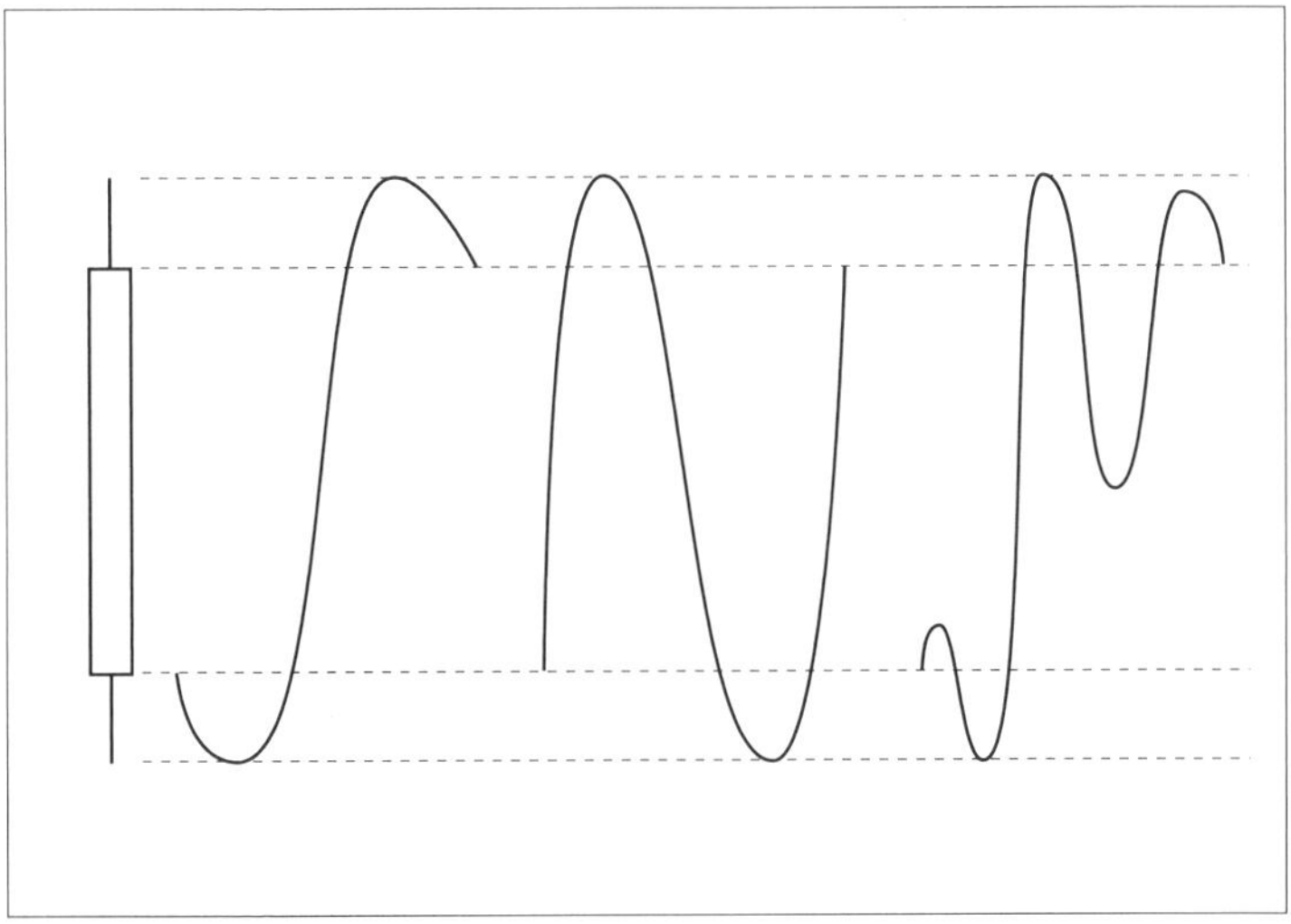

説としてのトレンドを探しているのだ。ケイ線屋と揶揄《やゆ》される少数派は別にして、「予測が外れること」「わからないから何もしないという結論」を容認しているのだから、価格の連続性をネタにする否定派とは議論する意味がない。

●ローソク足の高値と安値

つまり、不備があることを受け入れ、そのうえでチャートから何かを見つけようというのが、われわれプレーヤーの狙いなのだ。

とはいえ、ローソク足のヒゲを構成する「高値」と「安値」は、ちょっとだけ気になる。

高値と安値の具体的な時期がわからないから、図に示すように、同じローソク足でも値動きの推移にはいくつものパターンがあり得る。

上に示した3つの波形は、どれも左側のローソク足になるのである。

これも、チャート否定派のツッコミどころだが、実践論としては、「おっしゃる通り、チャートは不完全だ。だから、枝葉末節な見方はしていません」というところに落ち着く。

新聞などの市況解説のように、値動きの推移をドラマ化したものはダメだということである。例えば、次のような解説だ。

「朝方は海外市場の上昇を受けて高く推移したが、前場の終わりからは利益確定売りに押されて伸び悩み、午後2時過ぎに○○の決算が市場予想を下回るとの観測が出てからは輸出関連を中心に売りが優勢となり、日経平均は前日比マイナスで大引けを迎えた」

トレードは、ある意味、将来のドラマを想定してポジションを取る行為だから、ドラマ化がすべてダメとは言わないが、過去のドラマに縛られる姿勢は実用的ではないのだ。

ローソク足の高値・安値について時間（月足ならば日ひち）を特定して掘り下げたら、それこそ狂信的な方向に近づいてしまう。

●タテヨコ比は最も重要

さて、チャートは、欠点を容認したうえで実用的な使い方をすればいいと結論づけた。欠点を容認するためには、〝細かいことを気にしない〟大ざっぱな姿勢が求められる。

だが、絶対にこだわりたい部分だって多くある。そのひとつが、チャートのタテとヨコの比率だ。昔ならばチャート集、現在ならばパソコンの分析ソフトやインターネット上のチャートは、タテヨコ比について全く無頓着である。

例えば日足を表示する場合に、画面の左端から右端までが「3カ月」というように一定にしたとしても、タテ方向の「値幅」はその期間の値動き次第だ。その3カ月間の動きを〝画面いっぱいに表示する〟と定義するのが構造上、自然だからである。

例えば値動きが小さい場合、画面の下端が0円で上端が300円だが、暴騰して550円になれば、下端が0円で上端が600円と、タテ方向だけ以前の半分に縮小されてしまう。

次ページの図に示すように、値動きが小さかった時期の振幅が、まるでちがって見えてしまうのだ。

身近なものでいえば顔写真だ。タテヨコ比を無視したら、その人が丸顔なのか面長なのか全くわからない。

1つの銘柄だけを見るとしても、絶対的な感覚というものがあるから、タテヨコ比は一定であることが求められる。また、複数の銘柄を比較してみることもあるし、単一銘柄の売買でも銘柄を乗り替えることがあるのだから、道具としての規格を決めておかないと、見る人間の感覚に狂いが生じてしまうのだ。

図表1-4◎値が動くとタテ軸の基準が変わる

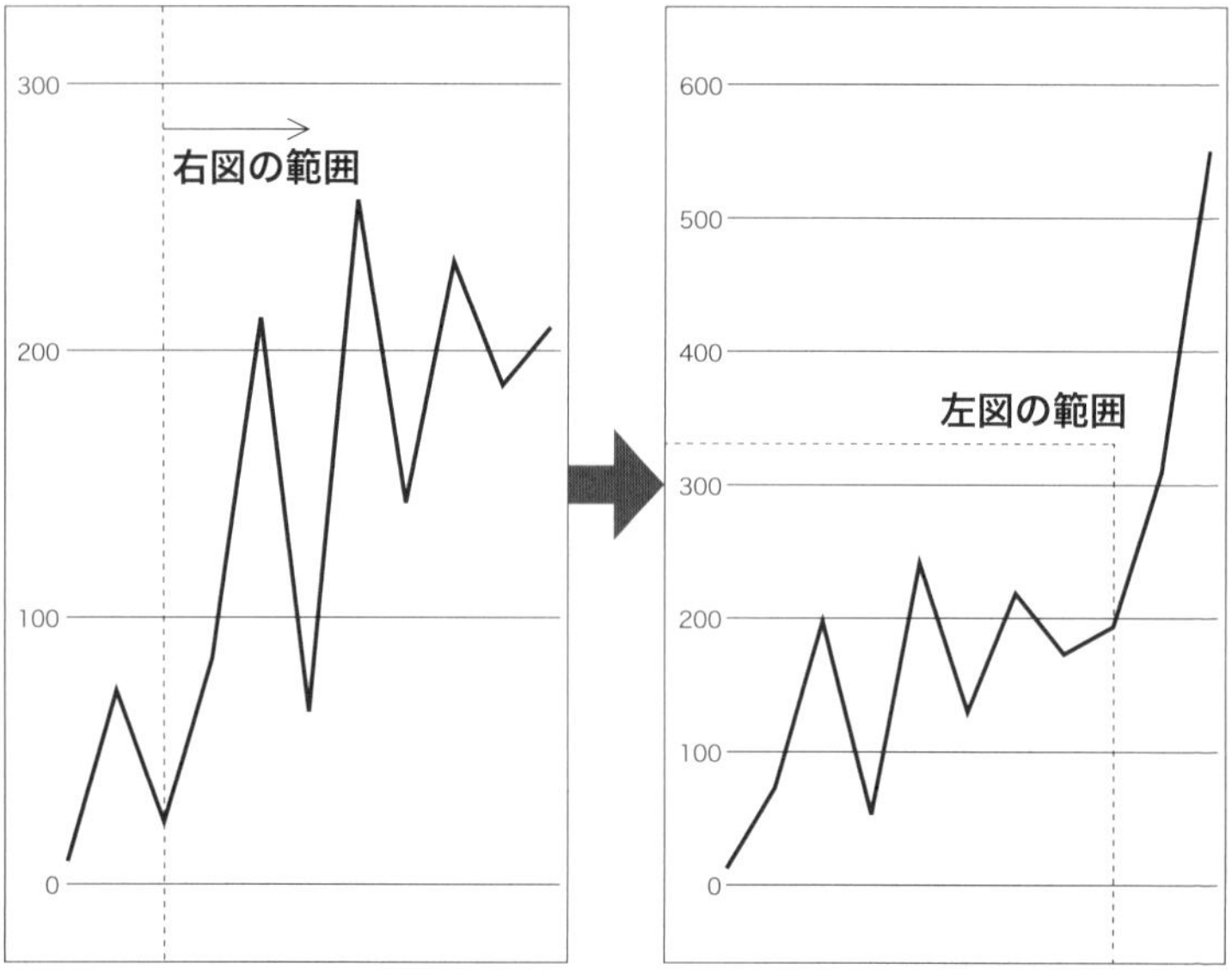

「大ざっぱ」に見るということは、数値化できないデリケートな感覚で、チャートの値動きを認知する作業なのだから、気をつかう部分なのである。

●対数グラフ

タテヨコ比について神経質なことを述べたので、タテ方向の比率についても細かいことを確認しておこう。

タテヨコ比をそろえてチャートを作る最も簡単な方法は、方眼紙に手描きすることだ。市販の方眼紙にチャートを描き、タテ方向は1ミリが1円と決める。老眼になると1ミリ目盛がやっかいだが、常に1ミリが1円というのはスッキリしていてわかりやすい。

だが、「100円前後の1円と1000円前後の1円が、同じ1ミリでいいのか」という疑問が生じる。株価の変動を「率」で考えた場合に、合理的ではないという指摘だ。

100円と1000円では10倍の開きがあるから、同じ1円の変動が、100円ならば1％、しかし1000円ではわずかに0・1％で、その差を修正したものにするべきだという意見は、納得できるものだ。そこで登場するのが、対数方眼紙である。

同じ1円を、安値圏よりも高値圏で小さくするのだから、特殊な目盛りの対数方眼紙を使うしかない。こういう特殊な目盛りを用いた「対数グラフ」ならば、安値圏でも高値圏でも「変動率」を同じように感じさせてくれる効果が期待できる。

ちなみに、ヤフーファイナンスでチャートを表示させると、デフォルト（初期値）の「標準」という設定で、価格帯にかかわらずタテ軸は等幅の表示だが、「スケール」という項目で「対数」を選ぶことができる。ただし、前項で取り上げたタテヨコ比の問題は解決されない。

さて、「なんだか合理的だ」と思える対数グラフだが、実際に作ろうとすると、いくつもの問題が発生してしまうのである。

●人間の補正能力

対数方眼紙があれば、いわゆる「変動感覚」によるチャート観察の質が高まる——前述した合理性である。

だが、株のチャートを描くのに適した大きさの用紙は、メーカーから販売されていないのではないか。

実際に用紙があったとしても、高値にいくほどタテ方向の幅が小さくなるのだから、定規を当てて線を引く作業が難しいだろう。位取りの誤りに気をつけながらの、とても神経質な作業になるはずだ。

一般的なB1サイズの方眼紙、あるいは研究所で取り扱っている月足を使いながら私は、銘柄ごとに、用紙の下端を0円にしたり100円にしたりと臨機応変に利用しているが、そういった自由もなくなってしまう。

現実を考えると、対数グラフを作るには相当な労力が必要だと想像できる。おそらく、作り終わって満足、というか、作っただけで心理的に〝燃え尽きる〟のではないだろうか。

私がチャートを描く目的は、チャートによって値動きを独自に判断し、利益を狙ってポジションを取ることだ。また、つくったポジションの操作というデリケートな作業を継続的にこなしていくことである。

チャートという「作品」を作って完結することではないから、対数グラフの利用は本末転倒になりかねないのだ。

では実際、すべて等幅で、100円前後と1000円前後が率で10倍開いている不合理なチャートを、どのように使っているのだろうか。専門家ではないので誤りもあるかもしれないが、経験的に考えると、価格帯によって「頭の中の基準」を変えている、つまり無意識に「補正」して見ているのではないかと思う。

私は、安値圏では動きがおとなしく、高値圏では荒くなるということも承知しているから、100円が底の銘柄と400円が底の銘柄を見比べても、混乱なくそれぞれを観察している。そういった器用さを、人間は「能力」としてもっているのである。

●時間を無視した非時系列チャート

「新値足」というチャートの描き方がある。

一般的なチャートは、日数（あるいは月数）に応じて自動的に右方向に進んでいく「時系列チャート」だが、新値足は、「非時系列チャート」に分類される。

詳しい説明は割愛するが、値動きに条件をつけ、その条件を満たしたときだけ線を足していくという方式なのだ。

時系列チャートは値段をそのまま図にするのだが、新値足では、値動きの判断を加えた状態で足を引いていくのである。

賛否両論あるのだが、林投資研究所が提唱する「相場技術論」において、非時系列のチャートは完全に否定される。相場技術論では、値動きを見て将来を〝当てる〟ことよりも、ポジション操作を中心に値動きに〝対応〟していくことがメインだからだ。

自らの意思で行動を決めようとするので、余分な価値判断が加えられたチャートでは売買が始まらないのである。料理ならば、各種の調味料を微妙なバランスで加えていこうとしているのに、すでに調合された出来合いの調味料1つしかないようなものだ。

ついでに説明すると、時系列チャートでも、例えば移動平均線といった「価格そのものではない何か」が加えられていると、余分な価値判断につながる情報として否定することができる。

●終値折れ線チャートの意義

最後に、ローソク足と終値折れ線チャートの差異を考えてみたい。

日足を例に取ろう。多くの人は、日本独自のチャートであるローソク足を好む。好むというよりも、ローソク足が広く使われていて見る機会が非常の多いので、深く考えずに「これが標準」と決めているのだろう。

だが、ローソク足は情報が多いので、枝葉末節な見方をしようとして「当てる」という姿勢になりなりやすい。実際、多くの人が、そのワナにはまっていると感じる。

ローソク足を使った観察法で、ポジション操作を主体とした実践的なものもあるが、やみくもにローソク足を使い、情報過多で混乱しているケースのほうが圧倒的に多い。極めて少ない本数のローソクを見て、「秘密のサイン」を見つけようという安易な発想があるわけだ。

これに対して終値の折れ線は、多くの人が不満を感じるほど情報が少ない。しかし、「独自の判断」と「ポジション操作」を重視するならば、トレンドを考えるうえで非常に心地良い図が出来上がる。「情報は多いほどよい」というのは、実に多くの人が抱える錯覚である。

情報の量ではなく、情報の〝種類〟に目を向けることが必要だ。売買をコントロールするための独自の判断とは、見方を偏らせることである。万人が納得する見方を目指したら、何の価値もない薄っぺらなものになるか、結論を出せない状態に陥るだろう。

自分が重視する種類の情報について、必要最低限のものが残ればいいのである。

そしてチャートは、未来を言い当ててくれる魔法の地図ではない。自由に、独自の観点で利用する「道具」なのだ。

常に、こういう考え方で評価し、自分の手法に適したもの、自分の感性に合うものを選ぶようにしてほしい。

6. 上げ相場と下げ相場のちがい

●株価を押し上げる力

株価が上昇したときに「買いが多かった」などというが、市場で値段がついたということは、売りたい人と買いたい人がいて、「価格」「数量」の条件が合致したことを意味している。だとしたら、買いが多かったり、売りが多かったりすることはない。売りと買いは、常に同数である。

これは、へ理屈ではない。私たちは株式市場で利益を上げようと考えているから、「今後の株価動向を当てたい」という気持ちになる。

そして、つい「参加者の誰かが正解を知っているかもしれない」などと妄想してしまう。こういったキケンなアイデアを排除すると、「値段がついた＝売りと買いが同数」という、なんともワクワク感のない解釈にたどり着く。それは「金融工学」と呼ばれる学問の分野でも、同じように説明されている。

ＪＰＸ（日本取引所グループ）のウェブサイトには、次のような論文が掲載されている。

市場は「買いが多ければ価格が上昇し、売りが多ければ価格は下落する」と考えられている。しかしながら、実際には市場において買い（売り）が多ければ価格は成立しない。すなわち、市場での価格データとして観測されるものはすべて買いと売りの数量が同数であり、市場の価格は「価格と数量の同時合意」の基に形成（成立）されている（板寄せによる価格形成については直前の需給が価格を変動させているが、価格時系列データ上は板寄せであっても買いと売りの数量は同数である）。

「日中変動分析がもたらす新たな知見～株式会社シーエムディーリサーチ代表取締役副社長、尹熙元」より引用

難しい言葉を並べた説明は、これで終わりにしよう。

要するに、「値段がつく瞬間では売り買いが同じ量だが、新たに買う人が次々に現れることで価格が上昇する」ということだ。

そして、この理屈は、実践家たちの考え方と等しいのだ。最近になって発達した金融工学という学問と、「学」とは縁遠いような者たちがカネを求めてうごめく投機の世界における認識が、見事に一致しているというのが面白い。

●下げ相場の原動力は？

では、下げ相場をつくるのは「新たにカラ売りする人の増加」なのか――。株式市場には多くの投機筋が参加しているが、仕手戦など特別な状況を除けば、カラ売り筋が下げ相場を主導するといったケースは考えられない。

新たに買う人の増加（市場への参入）ペースが鈍くなれば価格は上げ止まり、さらに鈍くなれば下げ始める。

人気によって価格が持ち上げられた状態だから、下から押し上げる力が弱まれば下げるのが道理だ。床に置いてある物を持ち上げたあと、力を抜けば重力で落ちるのと全く同じである。

そして、買っている人たちがあきらめて売り始めると、下げのスピードは加速する。

●チャートをひっくり返すな

チャートを見るときのポイントは、「傾向」「勢い」「形」の3つである。

最後の「形」とは、例えばローソク足を複数本まとめて評価する「線組み」だったり、トレンドラインを加えるなどしながら集合的に見る「型」だ。

この「形」において話題となりやすいのは、「底型」と「天井型」だろう。すなわち、「こうなっているから、これから上がる（下がる）」といった観測だ。

この「底型」「天井型」の観測で、チャートを上下ひっくり返して眺める人を見かけることがある。例えば、上昇した銘柄のチャートを上下逆さまに見て、「これから上がりそうな形だ。つまり、この銘柄は下がる」という具合である。

しかし、こういった方法に、私は大きな違和感を覚える。前述したように、上げ相場をつくるのも下げ相場をつくるのも、どちらも買い方の動向なのだから、下げ相場は上げ相場のひっくり返しではない、というのが根本の考え方だからである。

●しかし中源線では同じ

ここまでの説明は、「上げと下げは明確に別のものである」ということだ。

しかし、林投資研究所で提唱している手法のひとつ「中源線建玉法《ちゅうげんせんたてぎょくほう》」では、上げ相場と下げ相場を区別していない。ルールに「上げ」「下げ」という言葉はなく、すべて「順行」「逆行」の2つだけで値動きの方向を示している。

中源線では終値だけの折れ線チャートを使うが、終値と終値を結ぶ線を、赤（買い線＝買いポジションを取る時期）と黒（売り線＝売りポジションを取る時期）のどちらかに分ける。

描き始めたばかりの「未確認」の状態を除くと、例外なく必ずどちらかの色になる。

そして、売り線から買い線に変わる「陽転」のルールを上下にひっくり返したものが、買い線から売り線に移る「陰転」なのだ。

中源線は、コンピュータのない時代に考案された機械的な売買法で、トレンドの判断（陰線、陽線の別）とポジション操作（分割による売買）がひとつになった、文字通りの〝建玉法〟だ。

その古い資料の断片から林輝太郎が再構築したわけだが、やはりコンピュータの利用を想定せずに作業が進められた。

結果として、実践家のストレートな感覚をシンプルなルールに落とし込んだものにとどまり、理解しやすく納得できるロジック（ルールの数式）が確立されたのである。

つまり、手作業のチャート描きとルール判定が前提なので、陽転と陰転のルールに差をつけるのは現実的ではないし、そもそも、陰陽の判断について精度を高めて「当てよう」ということよりも、その判断と3分割の売買を併せて結果を出すという、極めて実践的な考え方で構築されている。だから、判断の基準に繊細な差をつけることに、大きな意義はないと解釈できるのである。

●すべてを実践につなげる

「中源線による陰陽転換の判断が単なる上下ひっくり返しになっているのは問題ない」との結論を示した。

だが現在の「中源線研究会」では、古典的な利用法を尊重しながらも、積極的にコンピュータを利用する新しい取り組みを行っている。

この取り組みにおいては、「陽転と陰転に少し差をつけると合理的かもしれない」という仮説は、今後の課題として検証する価値があるかもしれない。

もちろん、「それよりも、増し玉の規定に変化をもたせるほうが優先だ」という仮説もあるから、これらを高い視点で捉えて考えていくことになるだろうが……。

小難しい理屈からスタートし、最後も中源線の研究という難解なテーマを示したが、すべてのことは実際の売り買い、つまり実践につなげることが大切だ。

「上げ相場と下げ相場は異なる」という認識を伝えたかったわけだが、その理屈をさらに掘り下げていくのは学問分野の人たちに任せ、「実践」につなげることを第一に考えてほしい。

値動きを科学する視点、機械的な強弱判断のあり方、自分自身が売買を決断する際の基準、そして、ちまたで飛び交う予想情報の構造……これらを区別して整理し、迷いのない行動に結びつけるために、私が書いたとりとめのない文章を活用してもらいたい。

7. 信用取引はもろ刃の剣か

●信用取引も現物取引

一般的には株の売買を「現物取引」と「信用取引」に分けて考えることが多いようだが、信用取引は現物取引の一部分である。信用の買い（カラ買い）でも信用の売り（カラ売り）でも、取引所では通常の現物取引と同じように決済が行われる。

顧客の買い注文を出した証券会社は現金を支払って株券を受け取る（実際には電子決済）、顧客の売り注文を出した証券会社は現金を受け取って株券を渡す（同じく電子決済）、という流れだ。

しかし信用取引では、注文を出した顧客は買付代金を全額支払う必要がないし、カラ売りの場合は株を持っていなくても売ることができる。それぞれ、「買い代金」「売るための株券」を証券会社から借りるのである。その借りるための担保が、「信用保証金（委託保証金）」だ。

信用取引でも、外から見れば通常の現物取引と同じことをするのだが、顧客と証券会社の間に未決済の貸し借りが残る。その貸し借りに、顧客が買付代金を借りる場合（信用買い）と、

図表1-5◎証券会社と顧客の関係（信用買い）

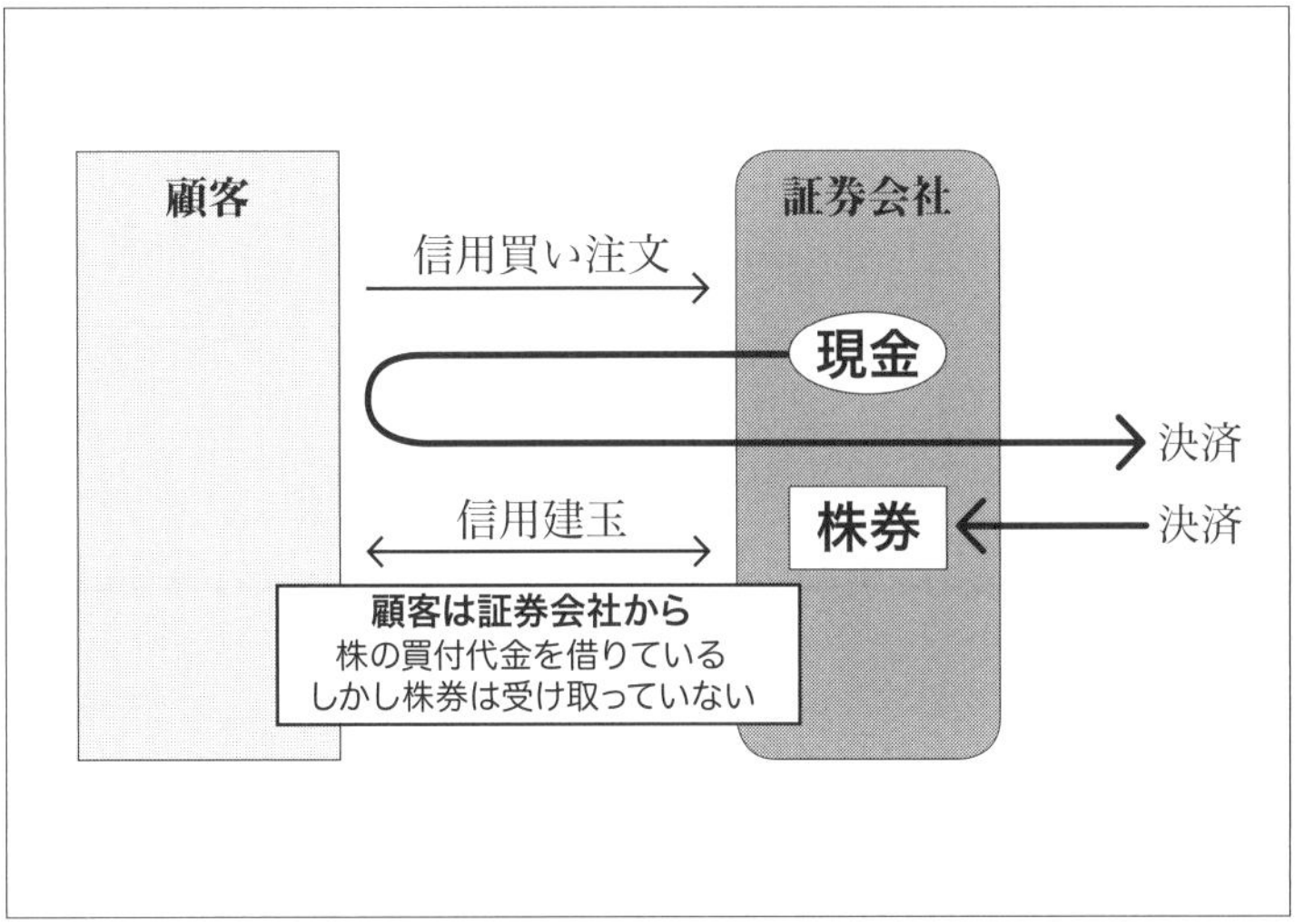

図表1-6◎証券会社と顧客の関係（信用売り）

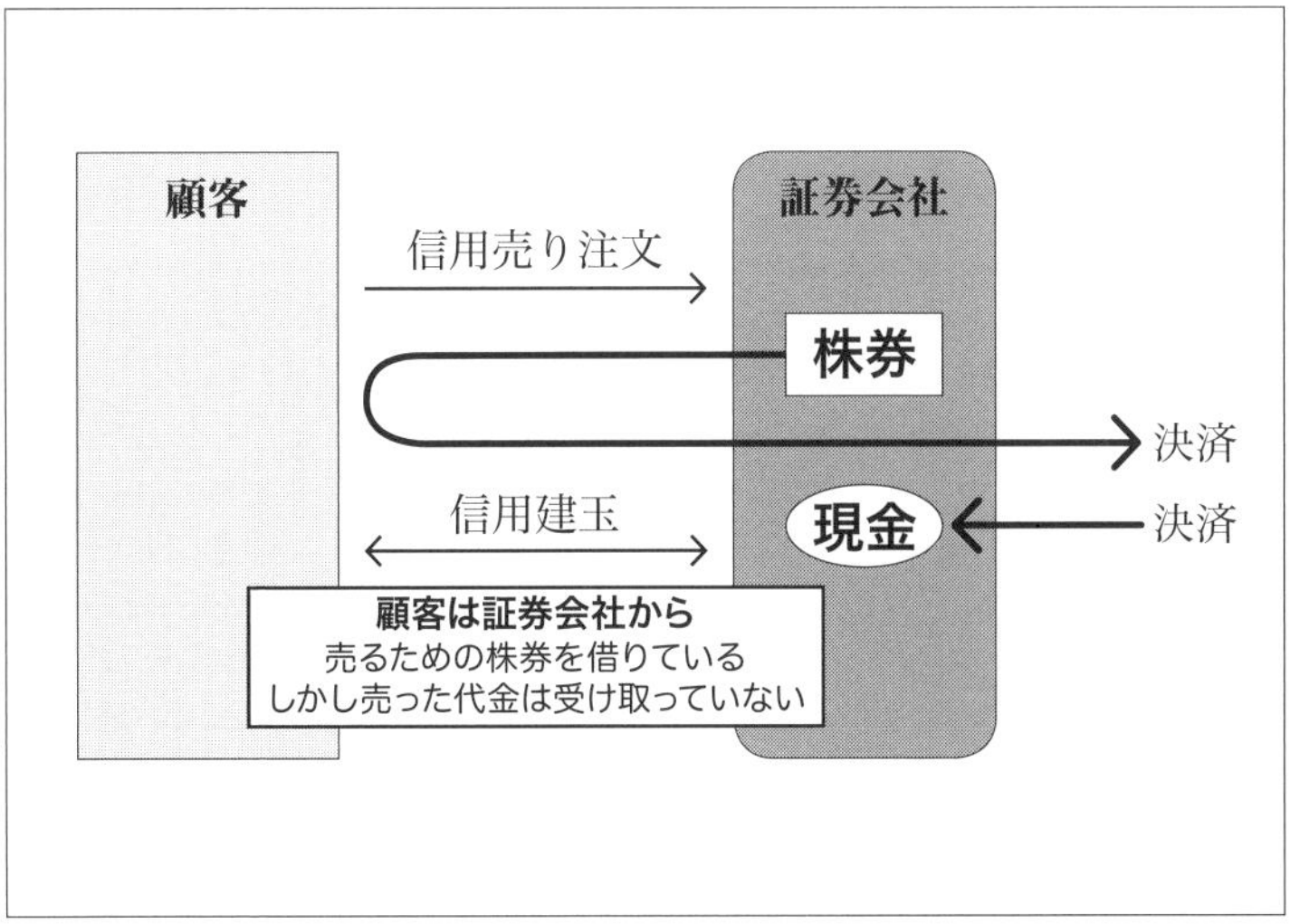

売るための株券を借りる場合（カラ売り）の2通りがある、ということだ。

これらのことを知らなくても注文を出して相場を張ることはできるが、基本的な事柄なので理解しておくべきだと思う。

●レバレッジ

冒頭で述べたように信用取引も実際には現物の売買であるが、信用取引の大きな特徴は〝レバレッジを利かせることができる〟という点だ。つまり、資金以上のポジションを持てるわけである。前述した保証金は、建玉に対して30％だから、例えば３００万円を預ければ１０００万円張ることができる。

制度としてはこの部分に大きな意義があるのだが、多くの人が勘違いしていると思う。どういうわけか、「現物取引を数回行ったあとは信用取引で資金を〝膨らませて〟売買し、大きな利益を狙うものだ」と考える人が多く、周囲の初心者にもそう教えていたりする。

「資金を超えた額のポジションを持てる」というのは金融システムで与えられた選択肢であって、〝やらなければいけないこと〟ではない。

ところが資金が小さい人、つまり丁寧に、大切に売買の基本を勉強するべき人のほうが、「元手が少ないから信用を使って大きく張るんだ」とムリな規模のポジションを取る。

そしてそれが習慣となって資金管理が甘い設定しかしなくなるから、利益が続いたとしてもわずか1回の損で資金が大きく減るという〝コツコツ、ドカン〟のループに陥ってしまうのだ。

●信用取引は危険なの?

冒頭で述べた基本的な構造から確認していけば信用取引の正しい利用法を理解できると思うのだが、考えるのが面倒くさいのか「保証金の3倍、売買できるんだね。わかった」となってしまいやすい。そして危ない売買を〝やめられない〟状態で負けグセがつき、「信用取引は危険だ」という認識が固まるのかもしれない。

証券会社は商売だから、どんどん売買してほしいと考える。それに顧客のほうが「やりたい」というのだから、証券会社側が「もっと余裕をもってやりましょう」と提言することは、あまり期待できない。また証券会社では買付代金や株券の貸付に気を配ることを優先するから、「信用取引=大損=トラブル」「気をつけなければならない」という認識になる。

投資家にはリスクを伴う選択肢が用意されている、それをつい選びたくなってしまう、証券会社は大損とトラブルを前提に管理にエネルギーを注ぐ、という構図があるだけなのだ。

これは善とか悪ということではない。この〝落とし穴〟ともいえる構造を理解し、自分で気をつけるしかないのである。

「カラ売りは危険だ」という通念がある。これも、非常におかしなことだ。多くの人が〝強い〟銘柄とケンカするようなカラ売りをするから、大暴騰したときのケガが大きい。その結果、カラ売りはすべて危険な行為であるという認識が生まれているだけなのだ。カラ売りは「ヘッジの機会を提供する」という、マーケットの大切な機能のひとつだ。持ち株の売りヘッジ、持ち株と連動する別の銘柄による売りヘッジ、買いポジションゼロの状態で下げを見極めるカラ売りと、さまざまな高度な取引を可能にする制度なのだ。

それが何ともバカバカしいことに、「上げの勢いのある流行銘柄に売り向かってスリルたっぷりのポジションを取るための手段」という捉え方をされているのである。

マーケットで用意された選択肢に限らず、道具はすべて使いようである。

例えば大きなエンジンを積んでいてスピードの出る車はいくらでもあるが、「その車に乗ったら危険」などとは言われない。そういうパワーのある車を適正な速度で走らせることが、余裕のある安全な運転であるはずだ。同様に信用取引も、適切な資産運用計画の中で利用すれば、安全性を高めるためのツールとなるのだ。

●立場の違い

証券会社と投資家では、信用取引におけるリスクの取り方が全く異なる。

証券会社は30%の預かりで丸代金を貸し付けたり、カラ売りの株券を貸し付けるのだから、それが焦げ付かないように管理することに主眼を置いている。これに対して投資家は、価格変動のリスクが最大の関心事だ。このギャップは永遠に埋まらない。「証券会社は敵」などと言いきったら極端だが、証券会社の説明を見聞きするときは一応の注意が必要である。

ここで、信用取引口座を開設する際に証券会社が行う審査について触れておきたい。建玉金額の30%を保証金にして信用を供与する以上、審査があるのは当然で、その基準となるのは「適合性の原則」といわれるものだ。

投資家の資質が取引内容に適合しているかどうか、要するに「ムリな勧誘をするな」ということで、例えば本人が希望したからといって知識も乏しく安定収入のない人に信用取引口座を開設させていいのか、といったことである。この点については当局の目も厳しいが、結果として形式的になっている部分が否めない。

資金が少ない、年収が低い、投資経験が浅い人が信用口座開設を希望したら断られやすいということなのだが、その人がムリな借金をして数千万円の現金をつくれば審査は通りやすくなるだろう。本人の申告を裏付け調査するほどコストをかけられないから、当然のように自己責任ということになる。

ならば、審査など不要で単に焦げ付かないように管理すればいいではないか、ということにもなるが、やはり金融機関として一般投資家を正しく導く義務といったものがある。しかし、残念ながら形式的な審査に傾いてしまう。

だから、「信用口座開設を断られたから資質がない」などと認識する必要はないと同時に、「信用口座を開いてくれた＝資質が十分」ということでもない。ポジションを取る前にシミュレーションを怠らず、それを練習売買で確認するだけでなく常に再確認する、といったことを心がけてほしい。

売買する者にとって、〝値動きで損益が生じる〟状態をつくれば、それは建玉（ポジション）を持っているということである。それが現物保有でも信用取引の買いでもカラ売りでも、区別などないはずだ。

だが前述したように証券会社では、証券会社自身のリスクを〝管理する〟立場から、「現物は現物で、建玉とは信用取引の建玉を指す」という定義が一般的だ。

売買は、「現金を使って」「現金を殖やす」ゲームである。すべて現金の状態がニュートラル（中立）で、現物でも信用でも何かを仕掛けていれば「建玉」だという感覚は大切にしておきたい。

現金で現物を買おうが、現金を担保にカラ売りしようが、「マーケットの価格変動で損益が生じる状態をつくった」という点で何もちがいはないはずである。

02

初心者が勘違いしている常識のウソ・新常識

1. 計画的ナンピンと〝ヤラレ〟ナンピン

●「安く買って高く売る」は正しいのか

いきなり突拍子もないことを書くが、まずは耳を傾けてほしい。次項でも触れるが、最も大切なことのひとつだと信じているので、この章の頭できちんと説明しておきたい。

売買において、買い値よりも売り値のほうが高いと利益になり、逆だと損になる――これはもちろん、正解である。

だが、この言葉をそのまま当てはめることができるのは、例えば一般的な商取引における〝1回の取引〟である。仕入れ価格と販売価格を有利にする交渉の余地があるし、取引条件の工夫もあり得るから、「安く買って高く売る」とか、仕入れ価格を抑える「利は元にあり」といった言葉が有効なのだ。

これに対して相場、つまりマーケットでの売買は常に「時価」、すなわち価格をマーケットに任せることになる。指し値によって小幅に有利にできるのも事実だが、実際の変動値幅を考えると、無視できるほどでしかない。価格はマーケット任せで、「タイミングと数量を自分で決めて結果をコントロールする」と考えるのが正しい。

結論として、「安く買う」のではなく「上昇するときに買いポジションを持つ」というのが、実践的に有効な〝正しい〟言葉であろう。チャートのタテ軸である価格にこだわりすぎるのは誰にでもある傾向であり、ヨコ軸の「日柄」に注目しろといわれるのはそのためだ。相場用語の「高値覚え」「安値覚え」が、実践上の良くない心理作用とされている通りである。

●基本のイメージは順張り

「上昇するときに買いポジションを持つ」という説明を前提にすると、その延長には「順張りでポジションをつくる」というイメージがある。

これも誤解されることが多いのだが、言葉として効き目があるのは、「逆張りをする」「ナンピンで値を有利にする」ではなく、「順張りで乗る」ではないだろうか。

実際の売買では、ポジションを持つ期間が短いほうがいい。同じ値幅ならば、保有期間が短いほど利益率は高い。また持っている期間が長いほど精神的な疲れも増し、上手な対応がしにくくなる。

逆張りで安く買ったとしても、ジッと持ったままで動かない時期を過ごした場合、動き始めたころには、それなりの時間が経過している。結果として、早めに手仕舞いして逆に値幅が取れないことになりかねない。結論は、「動き始めてから買えばいい」ということだ。「安く買う」「高く売る」とチャートのタテ軸だけで考えてしまうイメージを捨て、「上がっているときに買いポジションを取る」「下がっているときは何もしない、または売りポジションを持つ」という言葉で臨むほうが実践的な効果は高い、と考えるのである。

こんなふうに整理していくと、「安く買って高く売る」という言葉よりも、「上がり始めてから買う順張りが正しい」という表現のほうが、チャートのヨコ軸もきちんと意識した実践的なイメージだということになる。

●価格の重要性

トレンドを意識した実践的なイメージを説明した。安く買っても安いまま動きがなければ儲からず、高く買ったとしても、さらに上がれば儲かるということだ。とはいえ、仕掛けるタイミングがわずかにズレただけで、価格が大きく異なるケースが多いのも事実だ。それに心の底から「価格なんてどうでもいい」と考えてしまったら、売買が雑になるだろう。

だから、分割によって丁寧に仕込む、平均値を安くする、という発想は欠かせないものだ。ただし、「トレンドに乗る」ことが第一で、次の段階で価格を考えるのが順序である。

上げ始めたあとの押しで買う、上げる直前を狙ってゆっくりと仕込む、値動きが強張って上

図表2-1◎ナンピン（その1）

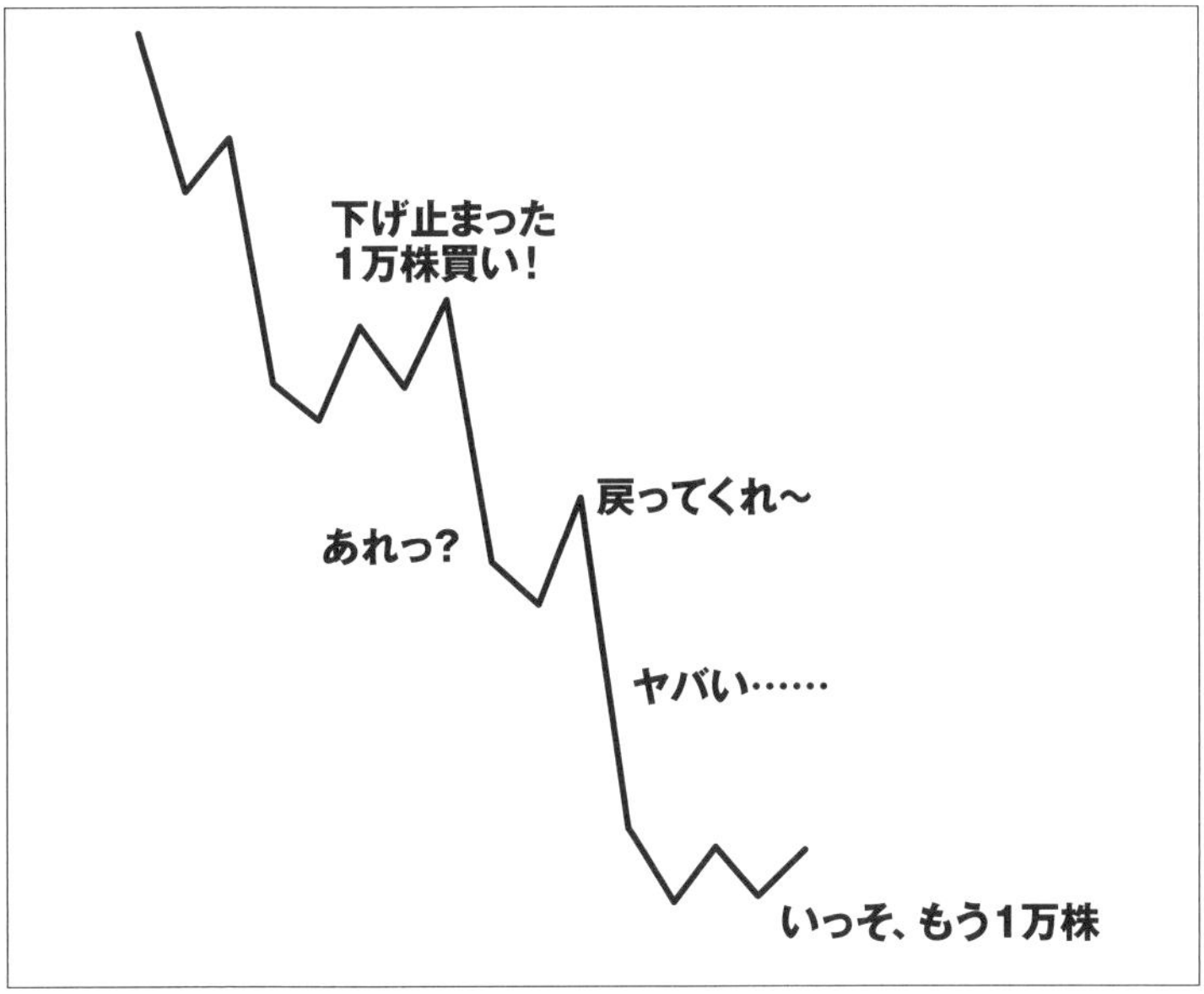
下げ止まった
1万株買い！
あれっ？
戻ってくれ〜
ヤバい……
いっそ、もう1万株

に抜けそうになってから買う——出動のタイミングは人それぞれだし、状況によっても異なる。だが共通しているのは、「そのタイミングの中で、できる限り価格が有利になるよう努める」ことだ。

こうやって、第二の問題として価格を意識し、分割する中で平均値を有利にしようというのが、ナンピンのテクニックなのである。

●良いナンピン、悪いナンピン

上図は、下げていく過程における、好ましくない買い方を示している。まさに、〝相場あるある〟のミスだろう。

下げてきたところを見計らい、一点狙いで買い仕込み！

しかし、見込み違いで下に抜けてしまう……すると、フリーズする。動けなくなるのだ。一時的に止まったときに一瞬、落ち着いて考えるのだが、「どんどん戻ってくれ〜」と願うだけで、対応することができない。

一時的な下げで終わってくれればいいのだが、さらに下げたときには打つ手がない。「ヤバい……」と思いながらも、完全なフリーズ状態から脱することができない。

こうして見事にヤラレる。まあ、ここまでは誰にでもある見込み違いの失敗といえるだろうが、さんざん下がったところで「いっそ買い増しだ」というサイアクの手を思いついたりする。「ダメ玉だから投げるだけだ」と認識しているはずなのに、その銘柄の数量を増やしてしまうのである。これは、アウトだ。

売れない不良在庫を、さらに仕入れる商店主なんていない。完全に、真逆の行動なのである。

このように、計画外でポジションを膨らませることは御法度である。

こういう増し玉について「ナンピンはするべきか否か」という議論があるのだが、そもそも正しいナンピンではない。いうなれば、「ヤラレナンピン」という論外の手なのだ。

ナンピンは「難平」と書く。「難」をならす、「難」を減らす行為である。

「いっそ、もう1万株買い」などと、難を増やしてはいけないのだ。「ヤラレナンピン」は、そもそも最初の〝一点狙い〟から過ちが始まっていると考えるべきである。

図表2-2◎ナンピン（その2）

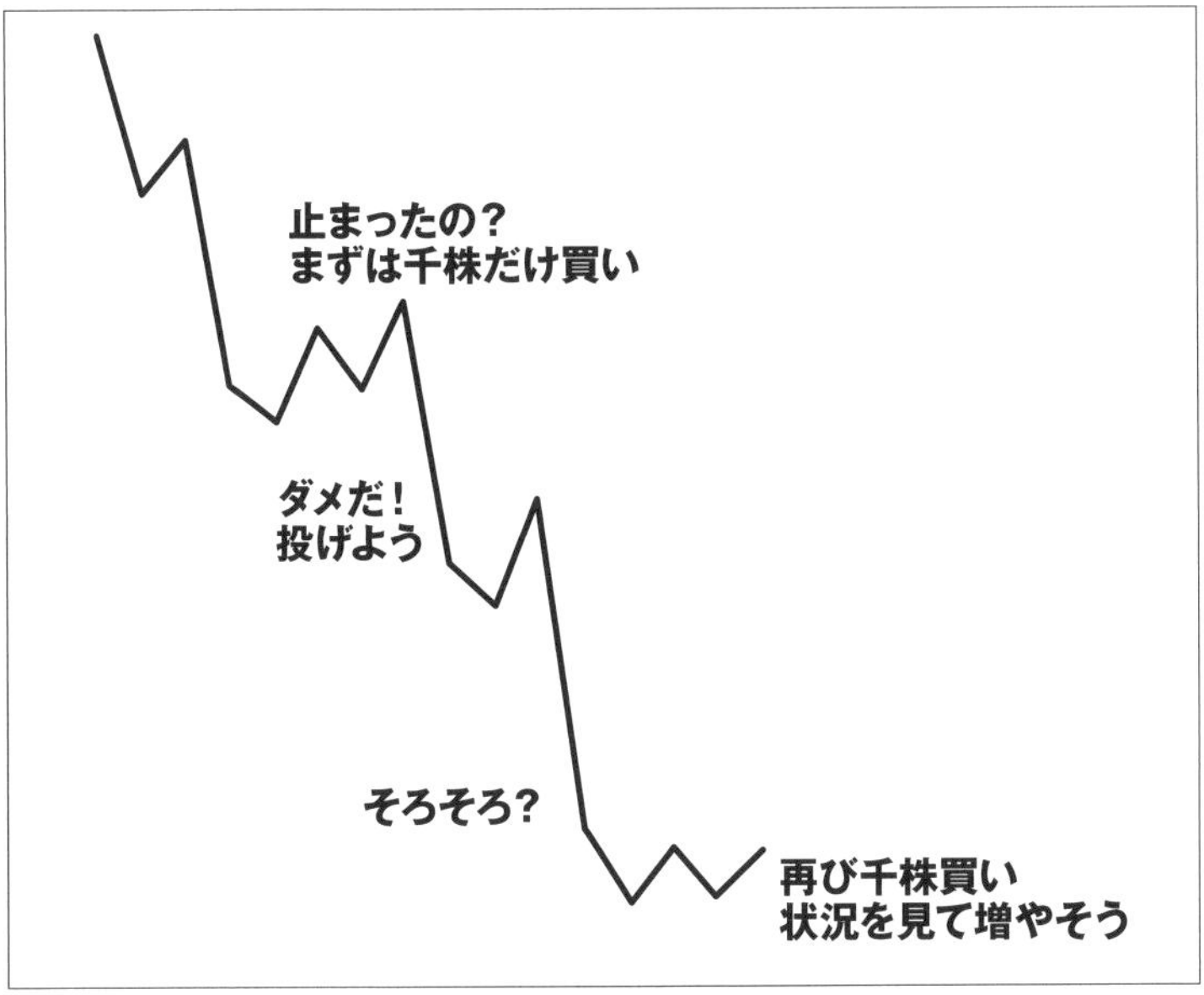

「誰にでもある見込み違いの失敗」と述べたが、本当はスタートに問題があったといえる。

正しいナンピンは、先ほどと同じ値動きに対して、例えば上の図に示すような分割買いだ。

計画した数量が1万株だとしても、まずは1000株だけ買う。打診買いするだけの「試し玉」である。

この試し玉を持ちながら値動きの感触を確かめ、「見込み違いのようだ」と判断したら切ってしまい、あらためて次のチャンスをうかがうのだ。

この場合、「感触が悪い」どころか、明らかに見込み違いの逆行をしたのだから、無条件でブン投げるしかない。

一点狙いでいきなり満玉建てたら損切りに抵抗があるが、こうして冷静な分割で仕掛ければ、素直に投げることが可能だ。

その後の下げ過程も見てみよう。

さらにグングン下げたところで、「そろそろかな？」と１０００株だけ、あらためての試し玉を入れる。

さらに下げたところで計画通りに増やしていこうと決めたのだが、残りの９０００株を一気に買うわけではなく、とりあえず次の千株を買うのだ。

１回目が１０００株、２回目も１０００株というのは、あくまでも例えだが、このように慎重に分割で仕掛けながら、常に「自分の見込みは合ってるのかな？」と考えるようにすれば、自らの決断に押しつぶされることなく〝株価と対話する〟ような感覚も生まれるだろう。

この場合の計画は、表面的には「1万株買う」ことだが、単に〝買いそろえる〟ことではないはずだ。「上げの動きに乗る。上げ波動に移ったときは1万株買っている」ことを目指しているのである。

もちろん、株価の動きに合わせるしかないのだが、そのための分割買い下がりこそが、「ナンピン」と呼ばれる技法なのである。

ただチマチマとやればいい、ということではない。

すぐに上昇がスタートすれば、乱暴な一点狙いで1万株買った人はニコニコだろう。慎重かつ正しい分割で買い始めた人は、１０００株しかない状態で悔しい思いをすることになる。想定よりも早いタイミングで上げ始めたら……それも含めて、対応を考えておくのが、計画的なトレードである。

「追いかけて買わない」というのもひとつだし、「追いかけてでも予定の数量を仕込む。ただし、押し目を待って分割」というスタイルは崩さない」という考え方もいいだろう。

こういう決め事があれば、焦って一点買いをせず、値動きを探りながら進むことができる。だが、複雑なことはムリだ。損益という生々しい結果を想像しながら、自分の意思でポジションを動かさなければならない。

成功を夢見ながらも、失敗を恐れて緊張する。だから、わかっていながらダメな手を打ってしまうケースが多いのだ。

そこで、事前に対応を決めておくこと、つまり「計画」の重要性がさらに強く浮かび上がるのである。

2.「株は安く買って高く売るもの」という誤解

●〝真の理想〟を求めよう

底値をズバリと当てる、天井をビシッと言い当てる……誰もがあこがれる理想の結果だが、実はプレーヤーが目指すべきことではない！

トレードの本質は、一歩遅れてもいいからトレンドの変化を検知し、サッと行動に移すことである。

一般的な投資家に「あなたのゴールは？」と質問すると、「稼げるだけ稼げたい」なんて、オトナとしては不十分な返答が多いそうだ。

私も多くの投資家と接する中で、「的中率9割を実現したい」とか「資金を毎年2倍にしたい」なんてムチャを言う人が多いことを経験してきた。

値動きをビシッと言い当てることができたら素晴らしいが、不特定多数の投資家が同じ土俵で競争しているのだから、さすがに絵空事といわざるを得ない。「最安値を買う」とか「最高値を売る」なんて、たった1回でも偶然に頼るしかないのである。

私が提唱するのは「50％」という数字だ。

いろいろなものに、この「50％」を当てはめてみるのだ。

・「買いだ！」と確信して、その通りの結果になるのは50％。
・そこそこの幅で動いたとき、値幅の50％取れればサイコー！
・資金全体をうまくコントロールするには、稼働率の上限が50％。
・「いけるかな」と感じる場面でも、出動を50％に抑えてちょうどいい。
・「この情報はスゴいかも！」と思っても、話半分、50％に評価する。
・「この銘柄は1万株買いたい」と思っても、50％の5千株にしておく。

クソつまらないと感じるだろうか。

でも、日々カネの取り合いが演じられる株式市場で、それなりの結果を出そうと考えるなら、これくらいの力加減が適切、真の意味での「理想」といえる。

どうしても納得できない人は、「儲かりまっせ！」というノリで銘柄情報をバシバシ送ってくれる業者と契約し、こづかい銭に限定してスリルを楽しんでもらいたい。

●「ゴメンナサイ」でいいんだ

テレビでテニスの試合を見ていると、サーブが外れる（フォールトになる）ケースが非常に多いと感じる。テレビに映る超一流の選手たちは、ほぼ100％の確率でコートの中にサーブを打つことができるはずだ。でも外れる……バシッと打たないと、勝負に勝てないからだ。

世の中には、相手がいなくても、うまくできないケースがある。

例えば、2メートル先のカゴに、ほぼ100％の成功率でボールを投げ入れられるとしても、一発勝負で「入れたらご褒美」「外したら晩メシ抜き」なんて条件をつけられたら、ビビって確率が落ちるだろう。

床に幅30センチで2本のテープを貼り、その中を歩く。カンタンだ。でも、高さ10メートルの場所に渡した幅30センチの足場板の上を歩けと言われたら……コワくてできるはずがない。

ここで、トレードの現実を考えてみよう。

前記の例と同じで、「激しい競争がある」「（カネのことだから）非常に緊張する」状況で売り買いを決めなければならないのだ。しかも、選択肢は無限にある……未知の未来に向けて「さあ、決めなさい！」と迫られるので、ミスをするのが当たり前なのだ。

ティッシュ配りをして、何％の人に受け取ってもらえるだろうか？

街で女の子をナンパして、何％の人が首をタテに振ってくれるだろうか？

食品売り場の「試食」なんて、販売員の感覚では「疑う余地なくおトク。なんで食べてくれないの?」というところだろうが、多くの人は素通りしてしまう。

まあ、仕事でもなんでも、成功率は意外と低いものだ。それでも、「そんなもんだよね」と片づけて次のステージに進んでいるだろう。株の売買でも、同じようにするべきだ。

相場の見込み違いなんて当たり前、ちがったら「ゴメンナサイ」とひと言、そしてサッと対処して次のトレードにそなえればいい。力を入れるのは、「当てる」ことではなく「対応する部分」なのである。

●負の記憶をつくらない

単独で行動するものは、結果が悪かったときに自分を責めてしまいがちだ。

誰にだって向上心はあるので、「もっとうまくやれたのに」と感じるだろう。

そして、トレードのように独りで戦う分野では、自分を責め続けてしまうのだ。

例えばゴルフなんて、トレードとよく似ている。

独りで頑張る分野だし、ボールが止まっているので、ミスはすべて自分のせいだと考えてしまう。ミスショットのあと自分で対応を考えなければいけない、具体的な対応をするまで〝ミスショットした状態〟で止まっている……。

プロゴルファーの内面なんて、あまり触れる機会はないが、例えばパッティングの結果が悪いときに「グリーンが悪いんだ」などという極端な言葉を使うようだ。もちろん、自分の努力で修正しようとするのだが、たまにコースに出るアマチュアではないのだから、とことんやった結果が悪いという状況をまともに受け止めてしまったら〝重すぎる〟のだろう。頑張ってきた、これからも頑張る、という前提で、とりあえず「グリーンが悪い」と片づけるわけだ。

日本人は生真面目だ。

例えばレストランで毎日、皿洗いやホールの仕事をしていたら、皿を割ってしまうことがあるだろう。〈申し訳ありません〉という気持ちで「皿を割ってしまいました……」などと報告するのが、〝標準〟のように認識されているが、多くの国や地域では「皿が割れた」と表現するのがふつうだ。毎日のことだから、たまに割れるのなんて当たり前、という合理的な考え方なのである。

トレードで負けたとき、「次も真剣に臨む」「より良い方法を模索し続ける」といった前向きな気持ちを前提に、しかし「予測なんて曲がって当たり前」という合理的な認識で、場合によっては「ヘンな相場だ！」と捨てゼリフを吐けばいいと思う。

ただし、『即座に対処する』ことが不可欠、ダメだと感じたら素早い損切りをいとわない姿勢が大切なのは言うまでもない。

●安く買わなくてもいい

例えば「最安値を買おう」と意気込んだら、まだまだ下げるうちに買ってしまうとか、安く買ったのはいいけど上がらない、なんて展開も多いだろう。

もちろん、「よし動き始めた！」と判断して買った結果、出損ないということもあるのだが、〝いつ動くかわらない電車に乗って座っている〟よりも〝動き始めた電車にサッと乗り込む〟ほうがイメージしやすいはずである。

トレードの実践は、「安く買って高く売る」ではない。むしろ、「高く買って、さらに高値で売る」という発想のほうが素直だと思う。

儲けるためにやるのだから、底値で買って天井で売る＝こんな〝絵に描いたような理想の結果〟が、ある意味、「モデル」のようなイメージとして頭の中に刻み込まれている。一方で、実際には負けが多いことも認識しているはずだ。

苦労が多い現実の中、〝絵に描いたような理想の結果〟をイメージするからスパッと行動できる、それこそが相場という行為の核だが、現実を正しく認識し、勝っても興奮せず、負けても落胆せず、目指すべきイメージは絶対にブレない。常に淡々と行動するよう心がけたい。

その行動には、事前に安全弁を設けておくことが必要である。負けトレードもあることを考えて資金に余裕をもつべき、「50％」を大切にするべきだと、あらためて申し上げておこう。

3. 移動平均線の実用性と予測の限界

●移動平均線とは

多くの人になじみがあると思うが、移動平均線とは何か、どんな使われ方をしているのかについて、簡単に確認しておこう。

日足ならば、ある日付の部分に描かれた足は単純にその日の値段である。しかし移動平均は、過去にさかのぼって一定期間の平均を取った値だ。例えば25日移動平均は、直近25日間（25立会日）の終値を足して25で割ったものである。

移動平均の一般的な使い方は、以下の2つである。

①現在の価格と比較する

過去にさかのぼって平均を計算するので、その変動はなめらかになる。株価が急に上がれば移動平均線は現在の値段よりも下にズレるし、急に下がれば現在の値段よりも上の方向にズレる。例えば下落したあとモタモタしていた相場が少し上向いて現在値が移動平均線を上回ったというとき、それまでよりも「上げの勢いが強まった」ことが確認できる。また、トレンドが変わらない場合は「移動平均線に近づいたら買い（売り）」といった見方ができる。

②2種類の移動平均線を見る

例えば、「5日移動平均線」と「25日移動平均線」の2種類を同時に見る。日足チャートに比べて5日移動平均線は少しだけ緩やかなのだが、25日移動平均線はさらに緩やかだ。

例えば5日線と25日線を見て、期間が短いほうの5日線が長いほうの25日線を上回れば上昇が本格的、次に5日線が25日線を下回ると下降が本格的になったというわけだ。

この説明だけで終わりにしたら、移動平均線の利用者にしかられてしまうだろう。移動平均には、例えば2本の移動平均線が上向きか下向きかなどの条件をつけてさまざまな分析が可能だから、最もポピュラーなトレンド追随型指標のひとつなのである。

ちなみに私は、移動平均線が有効だとは考えていない。だからここでの説明は、移動平均の利用を否定する立場からのものである。

●先行指標ではない

実際に、日足（ローソク足）に5日線と25日線を重ねたチャートを次ページに示す。

図表2-3◎6302住友重機械工業の日足＋5日線と25日線

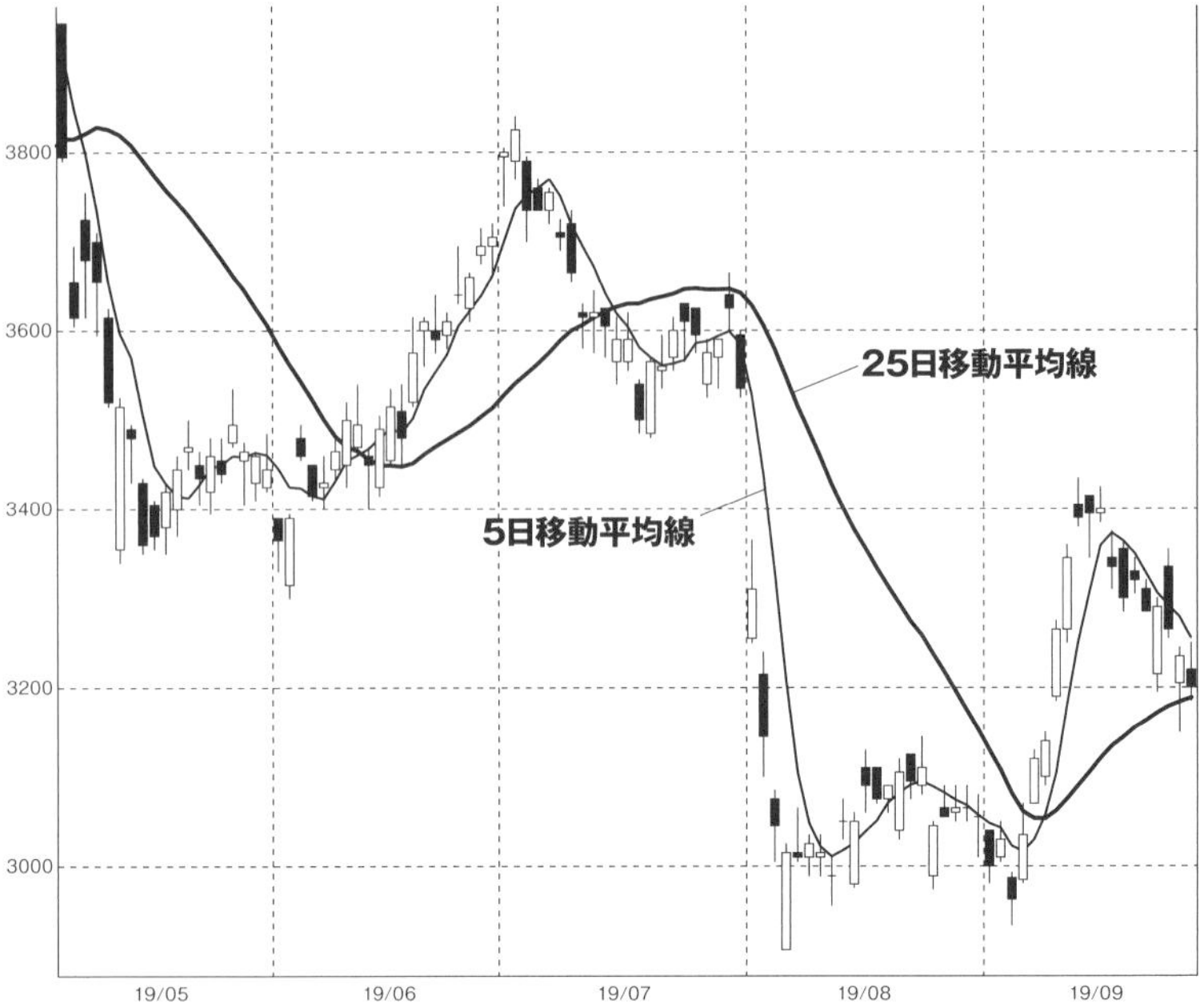

6302住友重機械工業だ。適当に動きがあるので実例に選んだ。

5日線と25日線は、目先の動きを見る目的で割とポピュラーである。

少し見にくいかもしれないが、ローソク足に5日線と25日線が重ねて描写されている。

2本の移動平均線は、太いほうが25日線で緩やかに上下しており、細い5日線はもう少しローソク足に近い上げ下げをみせている。

もうひとつ、2019年8月に、長い下げから反転をみせた8604野村HDの日足に、長期トレンドを見るうえで人気のある200日移動平均線を重ねたチャートを示す。

図表2-4◎8604野村HDの日足+200日線

ローソク足と移動平均線の組み合わせを見ると、急激な上げ下げでは「移動平均を上回ったら買い」という行動を取っても儲かりそうだが、先行せずに必ず遅行するから、そんな単純な使い方だけでは、保合などの場面でムダな売買を繰り返して損を積み重ねることになるだろう。

価格が上下に変動する結果、5日線と25日線が時々、交差する。短期の線が長期の線を上回るポイントをゴールデンクロスといい、逆に短期の線が長期の線を下回るポイントをデッドクロスという。

さて、ここでは移動平均線を詳しく説明するのが目的ではなく、移動平均線を否定する〝相場技術論〟の立場を明らかにするためなので、細かい説明は省く。

しかし、サッと見て「使えそう」という印象を受けたのではないだろうか。「移動平均なんて役に立たない」という先入観がある状態で見ても、有効そうだと感じてしまう。

しかし前述したように、保合もあれば急激な上げ下げもあるのが相場だ。もしも上げ下げが一定であれば常に〝当たる〟のだが、そもそも一定していたら移動平均線など見る必要もない。少なくとも〝先行的な指標ではない〟ということが、有効性を否定するときの最大の理由かもしれない。

●移動平均は「価格そのもの」か？

このようにケチをつけると、確実に反論が来る。「底の翌日が天井になることはない」「株価は一定の日柄で上げ下げを繰り返している」のならば、さかのぼって平均を割り出した移動平均によってトレンドの変化をとらえることができる、つまり移動平均線による分析も有効ではないか、と。

ここで、予測に使用する値について幅広く考えてみたい。株価そのものを使い、その変化を見て予測するのが最も素直な方法だ。しかし出来高など、株価そのものとの相関関係がゼロではないが薄い、つまり関係があったりなかったりする数値を使う予測法も多い。

ここで問題とする相関関係については、個々のものについて慎重に吟味する必要があるのだが、相場技術論では「株価で売買するのだから、株価そのものを見ることに集中するべき」との考え方に立ち、株価そのもの以外の要素ほとんどを無視してしまう。

株価以外のものにこそ〝株価の先行指標〟があり得るのだろうが、「そんなものはない、少なくとも有効性の高い先行指標はない」という結論を出しているわけだ。

相場技術論では、ポジション操作によって利益を出そうと考える。この職人的な考え方である相場技術論が「移動平均は株価そのものではない」と結論づけているのかどうかを、もう一度考えてみたい。

株価を単に日付順に並べる、つまり時系列で単純に並べるのが「直接法」で、何らかの加工を施すのが「間接法」という分け方がある。普通の日足チャートは直接法で移動平均は間接法、騰落レシオなどの二次的な数値もすべて間接法ということになる。

売買の前にまずは価格を見るのだが、価格から一度離れて分析して予測を立て、再び売買のために価格に戻るという複雑な過程を取るべきではない。これが、移動平均を否定する相場技術論の考えだ。

だが、「移動平均は価格そのものである」という考え方も存在する。移動平均は株価そのものを平均しただけであり、常に直近の一定期間のデータを用いている。そういう意味で「移動平均は株価そのもの」だと考える向きもあり、私はこれを否定できないと思っている。

だが、価格そのものを対象にしようとするのなら、わずかでも価格から離れてしまう移動平均などを持ち出さずに考えていくのが最も単純で最良ではないかということから、やはり移動平均に対する違和感は残る。

●連続した対応が結果を決める

そもそも移動平均を使う目的は何か――これが問題である。

ここまで、少し中途半端ながらも相場技術論が移動平均線を否定する理由を並べた。

その理由は、多くの人が移動平均線で予測することだけに目を向けていること、そして相場技術論では予測の精度を大きな問題にしていないことだ。

上がるかどうか、買い場かどうか、といった観点で過去の株価推移を観察してからポジションをつくるのだが、その予想が当たるかどうか、つまり単純に○か×かで結果が決まるわけではない。

分割しながらポジションを増やしていけば（実践者にとっては当然だが）、予想が外れたとしても少ない損で終わらせることができるケースは多い。株価が予想通りに推移したとしても、期待通りの利益を取れるとは限らない。すべては動きを見ながらどんな対処をしていくかという連続的な行動によるわけで、最初の予測は売買を始める〝きっかけ〟にすぎない。もちろん対処方法を考える際にも予想があるのだが、予想の当たり外れ以外にも、資金全体の管理を含めた売買数量の調整という要素があり、予測の精度だけが損益を決定づけるわけではない。

少なくとも、「確実に当てる方法がない」から多くの人が苦労しているのであり、移動平均であろうがＲＳＩ（相対力指数）であろうが、「当てるための予想」というのは誤ったアプローチである。予測法とポジション操作の具体的な方法が組み合わさって売買手法となるのであり、予測法だけを切り出して議論することが、そもそも間違いなのだ。

●みんなが見ているから当たる？

移動平均線について書くにあたり、いろいろな人にあらためて質問してみたところ、「大まかなトレンドを見る程度で２００日線を使っている」という人が何人かいた。だが、売り買いの判断には直結させていないという。また証券会社の営業では、「たまに当たるから見ている」「お客さんが気にしているから見ている」と答える人がいた。

ちなみに一般的な解説で、「みんなが見ているから、その通りになることが多い。しかし、急騰時や急落時には使えない」というものがある。

実践している人が書いたものではないだろうが、「移動平均線の観察は有効だ」といった解説のあとにこう書いてあったりするのだから、きちんとした評価とはいえない。こういうものを読んで、「例外もあるけど有効なのか」などと短絡的に受け入れないようにしてほしい。

相場技術論では、「予測の的中率は50％を超えない」という前提ですべてを考える。実際には、「49％が限界」というものではなく「当たるのは3、4割」という考え方で、「2、3割しか当たらない」という厳しい前提で〝ポジション操作〟や自分の精神コントロールにエネルギーを注ぐ実践家も多い。

勝敗そのものは「4勝6敗」あるいは「3勝7敗」でいいから、数量とタイミングなどの面で上手に対処して、最終的にプラスにしようというのだ。

こう考えれば、移動平均線による分析について的中率を議論すること自体がおかしいし、的中率が低かったとしても、一定の範囲で、しかも同じ基準を継続して使うのならば、売買のきっかけとして十分に有効だということになる。「株価そのもの」から極端に離れたものにせず、初心者向けの無責任な説明を真に受けたりしなければ、移動平均線も有効だということだ。

実際の売買から離れて机上の空論にならないならば、いろいろな利用方法を考えることにも意味がある。例えば、ここで論じた単純な移動平均だけでなく、加重移動平均、指数平滑平均、といったものもある。

る可能性はある。

〝投資手法の一部分を占める予測法〟の範囲にとどまるのならば、研究して有効な発見があ

●売買の機会を増やすのか減らすのか

「無責任な説明」と述べたが、実はそれは移動平均線を使った分析の〝的中率〟ではない。一般的な説明を素直に受け取ってしまうと、売買の機会がやたらと増えてしまう。これが大きな問題なのである。

システムトレードでは売買回数を増やすことが課題となるのかもしれないが、裁量による売買では頭の中をクリアにするための休み（ポジションを持たない期間）が重要だと考える。常に気を張ってポジションを持っていたら、精神的にもたないからである。だから売買の機会を増やすことではなく、「いかに機会を捨てるか」「残した機会をいかに有効に使うか」が大切なのだ。

指標というものは、「当たるかどうか」ではなく「使えるかどうか」で考える必要がある。生身の人間が実際のカネを使って売買する、指標や機械的な判断もあるが相場観や感情は消すことができない、しかもそれが長く継続する――こんな現実の混乱において何が必要なのかをいくつもの観点から考えることが、プレーヤーの思考であろう。

4. 移動平均線、日経平均株価が使えない理由

●平均だけで納得

2教科のテストで、数学も英語も50点だった。次のテストでは、数学が0点に落ちたかわりに英語は100点満点だった。0点も事件ならば100点を取ったのも事件と呼べるほどの変化である。にもかかわらず、2教科の平均点は50点のまま変化なしだ。

「平均」には、便利さと裏腹の大きな落とし穴がある。

「平均」というのは、冒頭で例を示したように、禁断の魔法のようなものだと感じる。相場の世界でまず思いつくのは、日経平均株価ではないだろうか。

その昔、証券会社の個人営業部門に配属された新人が電話番をさせられるとき、「何か聞かれてもわかりませんが……」と先輩や上司に質問すると、「日経平均を答えればいい」と指示されていた。

実際に現場に立ち、常連客から電話がかかる。

「おっ、新人か。今日はどうだね?」。新人が「はい、前日よりも90円高です」と日経平均

を伝える。常連客は、「そうか、そうか」と電話を切る。

ネット証券が増えた現在でも、対面営業の部署や支店では、同じような光景が見られるのだろうか。

常連客は、なんとなく気になってザラ場の状況を確認するクセがついているだけで電話をかけるわけだが、日経平均が前日よりも高い、自分の持ち株も高いのではないか、よかったよかったと満足するようである。もしも日経平均が安かったら、「そうか、心配だな……」と考え、そう考えた自分自身に満足するのではないか。

新聞のマーケット面を見ると、たとえＴＯＰＩＸ（東証株価指数）がプラスで、東証一部では値上がり銘柄数のほうが多かったとしても、日経平均が少しでもマイナスならば、「反落。利益確定売りに押される」といった見出しがつけられる。

多くの投資家が「日経平均」に目を向けさせられ、常に気にするよう教え込まれているように思う。そして、実際は気にするだけ、日経平均がどう動こうと、具体的な売買行動へ結びつけることはない。実におかしな話だ。

●どうして人気？　移動平均線

日経平均は、東証一部に上場する２１５１銘柄（２０１９年９月末）のうち、たった２２５

銘柄の平均値である。

率にして1割ちょっとを占める程度の個別銘柄から割り出した「日経平均株価」に、いったいどのような意味があるのか――日経平均が高くなれば上昇している銘柄が多い、というのは間違いないだろう。

「株そのものの人気」が高まるか冷えるか、そういった変化があるからだ。

しかし、冒頭で示したテストの例のように、たとえ採用銘柄であっても個別の動きは意外なほどバラバラ、けっこうな差が生じているのが現実だ。

「この銘柄は、日経平均とほぼ連動するだろう」と思えるような大型株でも、驚くほど波動がズレることは珍しくない。ましてや、残り9割弱の個別株は、それぞれが好き勝手に上げ下げをみせる。

株式市場全体を極めて大ざっぱに語る際は、日経平均という数字が、たしかに便利である。私も使うことはある。だが、売買の判断につなげる発想はない。多くの投資家が〝平均信仰〟のようなものに、まんまと陥っていると感じるのだ。

〝平均信仰〟は、これにとどまることはない。個別銘柄しか売買しない個人投資家が、日経平均の「移動平均線」を気にしている。

「直近の連騰で○○日線を上回った」とか、「○○日線よりも大きく上にかい離している」

といった具合に、上っ面の市況解説で使われる表現を繰り返すだけの向きも多い。

そういうことを積極的に口にする人ほど、語るだけで何もせず、ポジション操作など全く行わない。さらにツッコミを入れると、持っているのは塩漬け銘柄ばかりだ。

だが、評論にとどまらず、「予測に使えるのではないか」というアイデアがあり、移動平均の人気を支える最大の理由なのだろう。

●「当たりそう」という落とし穴

ここでは再度、移動平均線への信仰を否定するポイントを、簡潔に述べよう。

「予測に使える」との期待が人気の理由だが、移動平均線は単に過去の一定期間の平均でしかない。気まぐれ的にジグザグ運動をみせる株価変動を、機械的に均《なら》しただけだ。

上げ下げの推移を表現したチャートに、わざわざ重ねなくても、人間が観察すればわかるようなことしか見えてこない――多くの実践家が、こう言い切る。

この意見には、反論もあるだろう。

「移動平均を使わずに観察したって、目の前にあるのはすべて過去の値動きだけ。そこに移動平均線を加えることで、新たなデータが発生するんだ」

その通りかもしれない。だが、そもそもの問題として、「完全な予測法など存在しない」のである。

期待値を高めすぎ、「当たるかもしれない」という現実味のない妄想を膨らませてしまうと、ポジション操作や見込み違い時の撤退といった発想が薄まる。

そんな現実離れした状態で、過去の株価に、その株価の副産物でしかない移動平均を重ねたって、未来を当てることになるはずがない。それに、副産物に目を向ける度合いが強くなること自体が、現実離れではないか。

チャートを素直に見る実践家は、当たり外れを考えているのではなく、当たったときでも外れたときでも必ず対処することを前提に、ただ純粋に「出動のタイミング」を探しているだけなのだ。

●前提は何だろう？

どんなものでも考え方は人それぞれ、十人十色、百人百様。売りと買い、全く逆の価値観で成り立つ株式市場は、その象徴ともいえる。だから、「移動平均線なんて！」などと目くじらを立てず、やわらかく考えることも試みたい。

チャートを素直に見ようが、移動平均線を重ね合わせようが、しょせんは過去の値動きデータである。

それを見ながら未来を考えている姿は、俯瞰《ふかん》すれば同じことである。

だったら、各種の移動平均線、移動平均線のさまざまな使い方にも分があると考えられるのではないだろうか。

ただし、移動平均線を気にする投資家の大半は、前提となるアイデアがぼやけている、あるいはアイデアが存在しない中で、予測的中を過度に期待していると感じる。

根本的に相場の予測は、単なるきっかけ、行動をスタートするときの仮説にすぎない。

そう考えると、移動平均をメインにしても成り立つ、つまり、利益を計算できる売買法につながると考えても差し支えない。

ただ、やはり移動平均を使うと、無意識に過去の方向に引っ張られる。しかし、本人は未来を向いているつもりでいる。この大きなギャップが、気になって仕方がない。

移動平均線に頼る、時間軸が過去に傾いている、それなのに先行指標であるかのような錯覚が生まれる、そんな気がするのだ。

移動平均線を利用する場合の、最大の注意点ではないだろうか。

●ごく短期の移動平均線

過去に引っ張られる問題を抑えると、移動平均線にも大きな意義があると考えられる。

75日だの２００日だのと大きく過去に戻ることをやめ、例えば３日、５日といった超短期の移動平均線を使うことにとどめるのである。

要するに、単なるチャートに極めて近いシロモノである。

どうなるかというと、日々の「上がった」「下がった」のジグザグが均され、スムーズな動きに見えるということだ。

「そんなもの、人間の補正能力で十分」との反論もあるだろうが、補正の作業をうまく助けてくれるかもしれない、小さな変化を見つけて売買の実践的なきっかけにできるかもしれない。

深く研究していないので机上の論にとどまるが、少なくとも、ひたすら過去に引っ張られる問題からは遠のくはずだ。

実は、林投資研究所オリジナルの投資手法「中源線建玉法《ちゅうげんせんたてぎょくほう》」にこのアイデアを持ち込んだらどうなるだろうかと興味をもっている。

突発的な上げ下げによってダマシが生じる場面がある、それならば値動きを少し均してみたら改善されるかもしれないという、発想そのものはシンプル、いや少し安易なものというべきかもしれないが、試してみたい気持ちはある。

だが、終値のジグザグ運動そのものが、中源線でトレンド転換を判断する材料なのだから、もしかしたらぶち壊しになるだけかもしれない。

●そのものを見るだけ

当然のことだが、林投資研究所が提唱する「相場技術論」の考え方によって、移動平均線を否定的に論じた。

相場技術論では、ひたすら自らの出処進退を考える。いわば株価神聖論に基づき、株価という事象を絶対視するのだ。

自らの価値判断を大切にするのは当然だが、実際の株価変動と食い違う「見込み違い」があっても、黙々と対応することに集中する。

常に未来のことを考えながら「現在のポジションのカタチ」を整えていくことのみを重視し、パターン分析の基準を過去に求めるものの、移動平均線のように株価を〝加工〟して利用することはない。

だが、その相場技術論の延長で、移動平均線を肯定する要素もあると私は考えている。

ただし、「現在の株価そのものを見る」ために使うのが、絶対に破ることのできない約束事である。

5. 正しいトレードでは損が先行する

●まず損より始めよ

「損小利大」が実現すれば、ストレスなく儲かるだろうと安易に想像してはならない。

例えば、「上がると判断した10銘柄を、同時に買った」場合を考えてみよう。裁量でもシステムでも、どちらでもいいのだが、現実の「損小利大」をリアルに想像してほしい。

損を小さく抑えるには、ダメなポジションの損切り手仕舞いを早めに実行するよう努める。値動きが弱々しくなった段階でチェックし、大きく下げてしまう前に切る、ということだ。

これに対して、〝良いポジション〟だと判断したものは、値幅を取るために一定期間ねばる。すると、次ページの図のように、損切りが先行し、利食い手仕舞いは時間的にあとになるのが必然なのである。

この図は、10銘柄のうち3割にあたる3銘柄がダメだったという結果で、2銘柄は早めに値幅を取って利食い手仕舞い、半分の5銘柄は評価益のまま持続という、的中率の高い、実に素晴らしい結果を示している。

図表2-5◎損小利大では負けが先行する

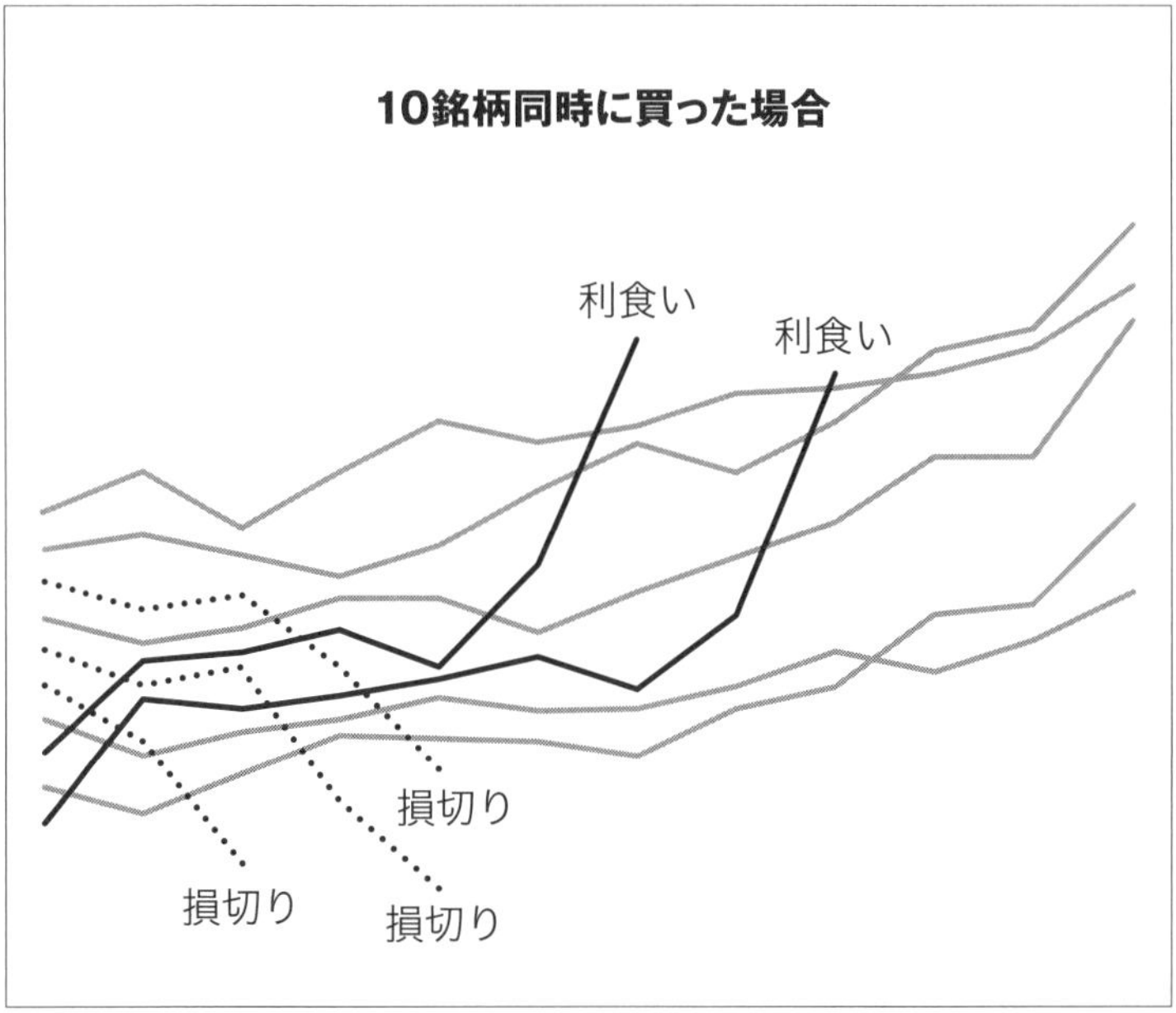

「素晴らしい結果」なのに、なんと仕掛けたあとに損切りが連発する。これが、現実なのだ。

資金稼働率の設定にムリがあると、適正なトレードが進行しているにもかかわらず、初期に起こる損切りの連続で、次の仕掛けが物理的に厳しくなる。資金管理に問題がなくても、心が折れてしまう可能性がある。

良いシステムが、いい感じで機能しているのに、「この手法はダメだ」と判断して別の方法を探し始める、という悲劇が起こる背景がこれである。

トレードは大切なカネが絡む行為なので、切実な部分が大きく、同時にとてもデリケートだ。

したがって、ちょっとした勘違いが大切な判断を誤らせ、良い手法に出会ったことが正しく認識できず、手法をやみくもに探し続ける「相場難民」になってしまうのだ。

別の見方をすれば、「ダマシをどう認識するか」「ダマシをどのように容認するか」ということである。結論は「黙って従うしかない」「ただ受け入れるしかない」のだが、「損になるケースも受け入れましょう」だけでは、「精神的なつらさ」が勝ってしまい、トレードを継続していくのは難しいだろう。

最終的にはプラスの成績にするためにトレードするのだから、ダマシの出現による〝負け〟を想定するのとは別に、いや、それ以上に〝勝ち〟のイメージをもつべきだ。心のもちようの問題である。混在する「勝ち」と「負け」で、トータルがプラスになるようにするのである。

勝率が5割、あるいは5割未満でも、負けが小さくて勝ちが大きければ、トータルでプラス、しかも満足できる利益率が実現する。これが「損小利大」である。

こういう流れを意識して、ダマシというものを、まずは理屈で納得することが必要なのだ。その次に、「負けがあれば、そのあとに勝ちがあるんだ」という感覚的な理解に至れば、勝ち負けが混在する現実のトレードを、極端なストレスなく継続していくバランスが整うと思う。

次ページ上図は「小さく3回負け、大きく1回勝つ」というパターンだが、スタート後に負けが4回続くかもしれない。その際、「なぜ負けたか」「なぜダマシになったのか」を確認す

図表2-6◎損小利大のイメージ

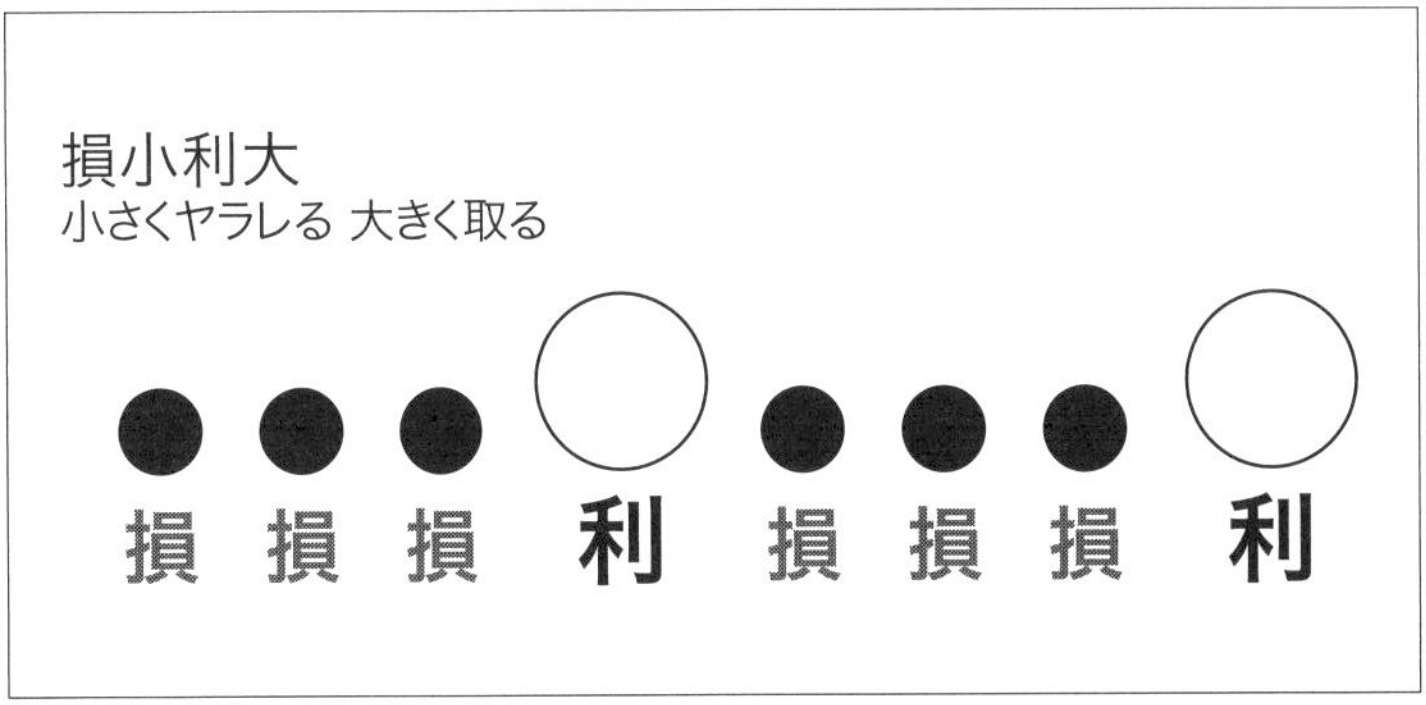

ることが不可欠なのだ。

使っているルールを熟知していれば、「負けちゃった」という負の感情を抱えながらも、将来のために落ち着いて考えられる理論的な裏付けがある。

自分が使っているルールについて、しっかりとした理解が必要だということである。

中身のわからないシステムを安易に使っていたら、ちゃんとした経験の蓄積ができない。〝サイコロをころがしたほうがまし〟なのだ。良い結果も悪い結果も、自分なりに評価して納得し、体の奥底までスーッと受け入れるべきなのである。

大きな勝ちが先行する場合もある。スタートして、いきなり期待以上の利益が出るというパターンだ。

こういった場合も「なぜ大きく勝ったのか」を確認しなければならない。感情に任せていると、「次も同じように大きく勝たないとイヤだ」などと自分の都合だけで考えるようになってしまうからだ。

このような感情の振れ、つまりバランスの悪い心の動きを説明すると、「そんなことはない」「私はそうならない」といった反論があるのだが、人間のマインドは必ず、状況に応じて、ある方向に傾く。だからトレードのカタチを整え、傾きを抑える工夫をするべきなのである。

●カタチによるリスク管理

まずは、リスク管理の方法を再確認し、少し突っ込んで考えてみよう。

・銘柄分散
・期間分散
・資金管理
・ヘッジ玉（ツナギ）
・サヤ取り
・ロング／ショート戦略

「分散投資は安全だ」という。たしかに「分散投資」は、部分的な見込み違いや不測の事態による被害を軽減してくれる。だが、単なる分散では〝薄まる〟だけの結果になりかねない。

「ポートフォリオ＝分散」と考える人が多いようだが、それはちがう。100銘柄に分散するのもポートフォリオならば、戦略的に1銘柄に全資金を投下するのもポートフォリオなのだ。やみくもに分散するのではなく、競争に勝つために戦略を立て、意思をもってポートフォリオを決めたり、状況に応じて変化させる必要がある。

これに対して「期間の分散」は、値動きへの対応を素直に考えさせてくれる発想だと思う。「おそらく底だろう。しかし決め打ちはできない」と考え、少しずつ分散してポジションをつくっていくという、実践的かつ機動的な行動、「分割売買」のテクニックだ。

「資金管理」は、多くの人があまり考えない事柄だが、実は最も重要な要素である。常に目いっぱいの建玉があるのに評価損ばかり、その状態で新しい銘柄に目が向くけど資金が足りない、そこで「何かを切らなければ」とやりくりする……完全に行き当たりばったりの売買だ。

基本的な「設計」がない状態である。生活と切り離して固定しておける金額を取引口座に入れ、その資金を効率良く安全に動かしていくことに集中するべきなのだ。

「ヘッジ玉」「サヤ取り」「ロング／ショート戦略」は、方式としては異なるものの、いずれも、売りと買いを組み合わせてリスクをコントロールしようする方法論である。

ただし、単に売り思惑と買い思惑を同時にやるだけだと、やみくもな分散投資と同様、手数《てかず》が増えてコントロールが効かなくなり、良い結果が得られない可能性がある。

過去の値動きの分析、今後の値動きの想定、ダメだったときの対処とその判断基準、うまくいったときの引き際などなど、自らつくる総合的な戦略が必要なのである。

●資金管理が大切

運用の業界にいる人は「資金管理が大切」と言うが、一般にはちょっと取っつきにくい、どこからスタートすればわからない、と感じる人が大半ではないかと思う。そんなときは、あえてまわり道をする。難しいことを考えるときこそ、当たり前の日常生活を当てはめてみよう。

トレードの資金には限界があるので、資金管理とは「バランスの良い配分」である。

月の小遣いが5万円なのに3万円以上も払うような店で飲んだら、一晩にしては使いすぎ。年収が1000万円あるのに家族4人で四畳半一間のアパートに住んでいたら、ちょっと節約しすぎだろう。このような、自然と身についたバランス感覚を当てはめてみるのが第一だ。

トレード資金は、取引口座に固定しておくべきだ。出したり入れたりせずに金額を固定しておけば、例えば「自分は500万円を運用している」と意識できる。「現在、6割を使って買いポジションを取っている」といった具合に、現状を数字で認識できるのだ。

そして、適切な稼働率を考えるようになる。

値動きの荒い個別株のトレードで、信用取引枠いっぱいにレバレッジをかけたらやりすぎ?

変動率の小さいドル／円を、資金の範囲内でトレードしたら抑えすぎ？　地味な低位株を現物で買うだけなのに資金の半分も使わないようではこわがりすぎ？

こんなふうに想像しやすい範囲で考えるだけで、資金管理の土台が出来上がる。実際には、事前に利益の可能性と損失の可能性を考えてポジションサイズを決めるなど、細かい計算もあるのだが、大枠を把握するところがスタートである。

誰でも、自分の収入、資産額、目指す利益などを基に、トレードに充てる金額を決めるだろう。預金から手元の現金まで、すべてをトレード口座に入れてしまう人などいないはずだ。手仕舞いが予定より遅くなっただけで、ガスや電気が止められたり、晩ごはんの材料を買えなくなってしまうのだから……。

最後に、常識的なバランス感覚につながる考え方を紹介する。

「運用とは何か」ということだ。利益を取るための「攻め」を想像しがちだが、本来は「守り」なのだ。現金で持っていると、自然なインフレで目減りしてしまう。だから、金利を稼ごうと考えてみたり、モノ（株、不動産、貴金属など）に換えておこうという発想が生まれる。こうして、現金価値の低下を抑える「守り」を固めたうえで、もう一歩積極的に行動しようというのがトレードである。逸脱すると、バクチと呼ばれる危険な行為となってしまうのだ。状況によっては攻めるのだが、難しい局面では「やらない」という選択肢も大切だろう。

6．日柄を見ろ！～相場の要素を適正に観察する目

●「安く買って高く売る」は誤り

相場で儲けるには、安く買って高く売ればいい――。

買い値よりも売り値のほうが高ければ利益になるのは間違いないが、前述したように、単に「安く買って高く売る」という表現は実践的には誤りだ。正確にいうと、実践における適切な戦略を考えたり正しい判断をすることにはつながらない、と考えることができる。

この考え方が、「日柄を見ろ！」という教えの意味である。もちろん、「高く買って安く売れ」ということではないのだが、私たちにありがちな盲点を打ち消そうとする説明なので、あえて強烈に否定してみた。すでに解説した事柄もあるが、あらためて個々の観点を確認したい。

●相場を動かすことはできない

マーケットの株価を、自由自在に動かすことはできない。限定的に株価を操ることはできても、長続きしない。ある程度の期間操ることが可能だとしても、相当の工夫と労力を要する。

図表2-7◎寄付前の板

（売り）		（買い）
10,000	成行	5,600
5,100	320	
2,200	310	
2,700	306	
	300	2,200
	296	3,100
	290	9,100

そもそも、「相場操縦」と呼ばれる違法行為である。

自分の注文で値が動いてしまうことはある。例えば前日の引けが３００円の銘柄があり、朝９時直前で「成り行きの売り注文と、３２０円あたりまでの売り指し値の合計が２万株しかない」という状況だったとする。

この状態で、成り行きで５万株の買い注文を入れたら、40円高、50円高することはなくても、「すぐさま売り注文が出てきて３０５円ですべて買える」と期待するのはムリそうだ。おそらく、もう少し高い値段で寄ることになるだろう。

これは、一個人が値段を動かしてしまう事例だが、影響はザラ場だけの一時的なものにとどまり、「相場を動かした」と呼べる状況ではない。

では、富裕層の個人投資家やファンドが、大きな資金を特定の銘柄に集中させたら、どうなるだろうか。

前記の例よりは、継続的に相場に影響を与える結果となるだろう。

だが、この場合も、多数の参加者が同調して「相場が発生する」ことは期待しにくい。自らが買うときの平均値が上がってしまうことはあっても、そのあとどんどん買い上がってくれる人が現れたり、たっぷり仕込んだ玉を高値で買ってくれる人を大量に誘い込むことなどできない、ということだ。

安値で仕込んだあと、他人が買って価格を上げてくれる、なおかつ高値で売り逃げるときにも他人がどんどん買ってくれる——こんな状況を合法的に生むのは至難の業だ。

ここまで、実に当たり前の論理を並べただけだが、私が言いたいのは、「株価変動は、常に他人任せ」ということなのだ。相場の見通しがスパッと当たることもあるから、人間の心理として、「100％他人任せ」という認識が薄れてしまうこともあるので、「株価変動に対して自分は完全に無力だ」と繰り返し考えることが重要だと思う。

●価格を考えるのは一般の商売

商売の哲学で、「利は元にあり」という言葉がある。「安く仕入れることが、利益を上げる最大のコツだ」という意味だ。

1個150円で売れる商品を120円で仕入れたら、1個あたり30円の利益だが、100円

図表2-8◎一般的な商取引

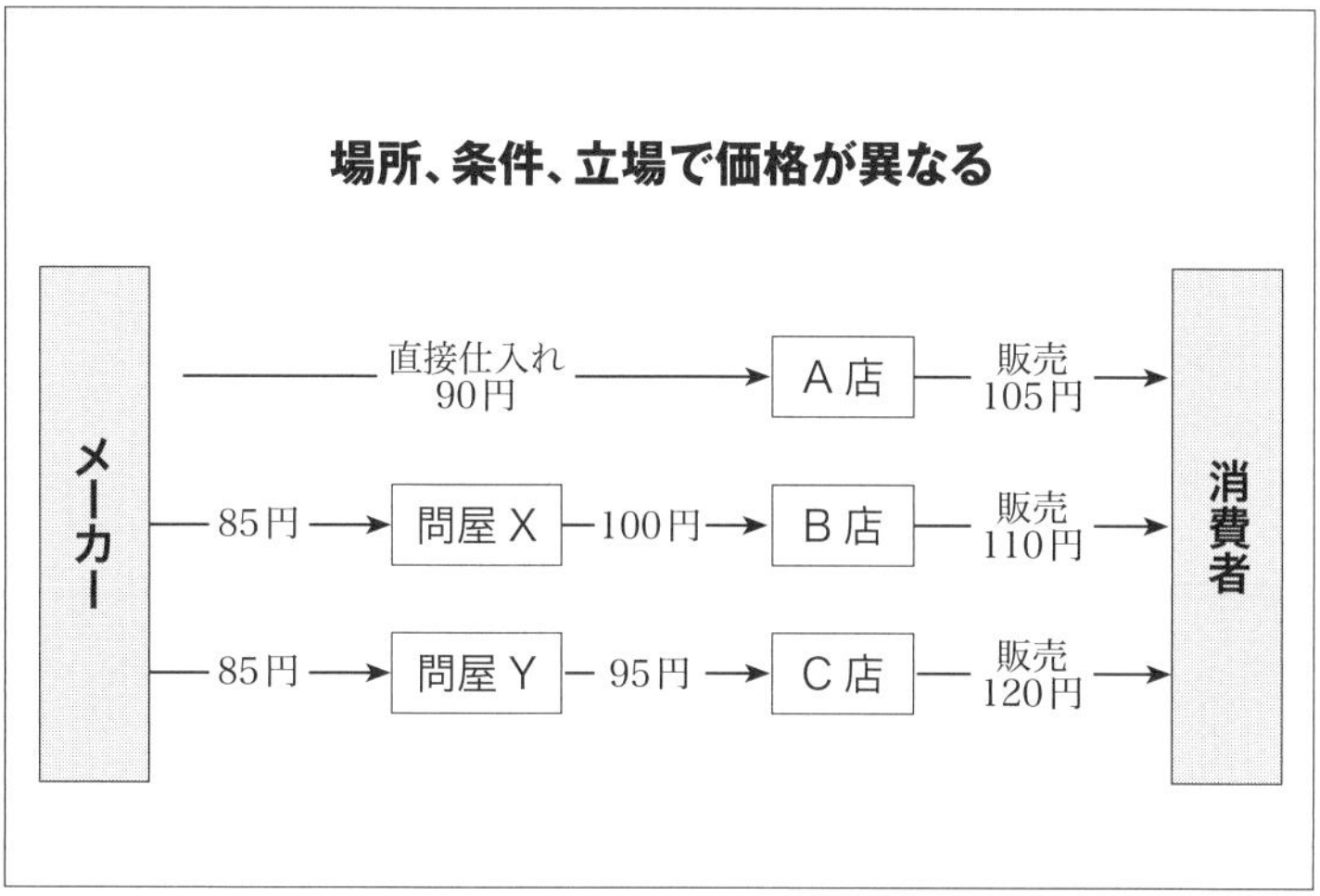

で仕入れることができたら利益は50円に跳ね上がる。あるいは、同じ仕入値でも高く売る工夫をしたりする。これらは、「安く買って高く売る」発想そのものであるが、実は、価格が複数ある状態、あるいは自分で価格を決定する余地がある状態で成り立つことだ。

これに対して金融マーケットでは、複数の価格が存在しない。500円の銘柄があったら、誰が買っても500円である。FX取引のような相対取引ならば、業者ごとに価格が異なるが、ほんのわずかな差にすぎない。

だから、「安く買って高く売る」という言葉だけでは、「ひとつしかない価格が時間の経過とともに大きく変わっていく」状況に対応するのは難しいと考えられる。厳しい競争に勝つための具体的な策を立てるのは困難、という意味だ。

●タテとヨコ

ここまでで示したのは、トレードにおいて「価格だけを気にしているとバランスが悪い」という説明だ。それは、そのまま「日柄を見ろ！」という結論なのだが、では、日柄を気にすると何が見えてくるのか——。

私たちは、チャートで株価変動をチェックするときに、値動きを〝生き物〟のように見ているところがある。その証拠に、「このあたりが心地いいようだ」とか「上がりたがっている」などと、株価を擬人化した表現がふつうに使われている。

また、単に「上げ」とか「下げ」ではなく、上げ下げの微妙な変化まで捉えようとしている。だから、タテ方向の「株価」とヨコ方向の「日柄」の、2つの要素をあわせて観察する。

そうしないと、本当に見たいと思っている微妙な変化を見ることができないからだ。時間が経過しているのに価格に変化がないから「保合」と認識するわけだし、上昇について「緩やかな上げ」とか「急騰」と判断するのも、タテとヨコのデリケートは組み合わせによるものだ。

コンピュータによる一般的なチャート描画は、人間が見るうえで問題がある。画面サイズの都合から、ヨコ軸の期間が固定される。しかしタテ軸の価格は、〝その期間で動いた値幅を画面いっぱい〟に表示しようとするので、その時によってチャートのタテヨコ比が変わってしまうのである（48ページ図参照）。

少なくとも、生身の感覚で値動きを認識したいのなら、手描きするなどの手間を惜しまず、常に同じ規格で描画したチャートを見るべきである。

ただし、チャートの整備が「苦行」になっては意味がない。林投資研究所の月足出力サービスを利用しても、誰か身近な人に手助けしてもらってもいいから、大きいサイズで規格のそろったチャートを見てほしい。

●投資家が最も気にすること

チャートの「タテ軸」と「ヨコ軸」という2つの要素に焦点を当てて、さらに考えてみたい。

投資家、トレーダー、投機家……呼び方はいろいろあるが、誰もが気にしているのは、マーケットの「価格」である。しかし、価格が時間とともに変化するので、正確には「価格の変化を気にしている」ということだ。

価格が、上に向かっているのか下に向かっているのか――これが「トレンド」と呼ぶ変化である。また、そのトレンドの「度合」も考えている。そして、チャートから見つけようとする最大の関心事は、何よりも「トレンドの変わり目」だろう。

下落傾向から下げ止まって安値保合に入るか、安値保合から上昇に移行するか、上げ止まって下げ相場に転じるか、といった方向の変化だ。

また、「方向の変化はないだろう」との判断も重要である。上げ相場が続く、下げ傾向は終わらない、といった判断があれば、順行しているポジションは維持するし、逆行するポジションを切るという決断につながる。

こういった観察を行う際に、ヨコ軸の「日柄」を無視することはできない。だから、常にタテの価格とヨコの日柄を一緒に見るべきなのだ。それなのに、最終結果の「損益」に焦点を当てたとき、ヨコ軸の日柄が頭の中からふっと消えてしまう。

引かれ玉を抱えて不安になっているとき、日中の値動きを見ながらチェックするのは、とりあえず3つだけ、現在値、前日比、自分の建て値である。だが、これは視野が狭い状態だ。

適切なのは、「トレンドと自分のポジションが合致しているか」を判断する感覚であるはず。そのトレンドとは「価格+日柄」であり、次の一手を決めるうえでは自分のポジションが問題とはいえ、建て値や評価損益といった、タテ方向に限定された〝自分の都合〟を持ち出すのはよろしくないのである。

●天底の時間差

最後に、トレンドを見るときの観点をひとつ追加したい。

チャートを見ながらトレンドの転換点を指して「天井」「底」というが、観察する時間軸によって定義は大きく異なる。

例えば長期の上げ下げを見る場合、数年単位の上げ下げで天底を考える。

これに対して日足チャートを見た場合は、数カ月単位の上げ下げが目に飛び込んでくるだろう。月足ではわからない短期の変化、例えば「月の上旬から下げ始め、中旬で小戻しのあと再び下落した」といった動きも、日足ならば確認できる。

チャート観察では常に「日柄が大切」ということだが、最後に説明したいのは、天井から底、あるいは底から天井の時間差についてである。

日足の上げ下げを見れば一目瞭然だが、例えば天井の翌日に底をつけることはないし、底を打った翌日に天井になることもない。売り買いする者が期待するほど周期的な値動きをしていない場合でも、天井と底の間には必ず「一定の日柄」がある。

「最大の関心事は『トレンドの変わり目』だ」と前述したが、そもそも、天井と底に一定の時間差があるからトレンドを見いだすことができるのである。

つい「価格」ばかりを見てしまうのだが、やはり「日柄」という要素が不可欠なのだ。

だからこそ、戒めのように「日柄を見ろ！」という言葉が、先人たちに大切にされてきたのである。

7.「利食いドテンは愚の骨頂」～そんなにダメなことなのか

●そもそも「利食いドテン」とは

ここでは、相場格言とされている、「利食いドテンは愚の骨頂」という言葉を取り上げて考えてみる。まずは、言葉をバラバラにして確認してみよう。

「利食い」は文字通り、利益を確定する手仕舞いである。買った株が上がって売る、または、カラ売りした銘柄が下がって買い戻す、ということだ。

「ドテン」とは、〝売り買い逆〟という意味である。この場合は、買いポジションから一転、売りポジションにすること、あるいはその逆である。

広い意味では、単に「売り買い逆」という場合に使う。例えば証券会社の営業マンが、顧客の注文を売り買い逆に執行してしまったときに、「注文をドテンしちゃった」などと表現する。現物を買い増しする注文をもらったにもかかわらず、同じ銘柄の手持ちを売ってしまったら、誤って売った分を買い戻すと同時に本来の注文分を買わなければならない。

「部長。商いを間違えました。ドテンです」

「銘柄は？」

「重工です。1万買いのところ、1万売っちゃいました」

「いくらで売ったんだ？」（と、端末で現在値を確認する）

今は言葉が少し異なるかもしれないが、ミスの内容を確認して処理をする手順は同じはずだ。

ちなみに、ここで思惑を入れることは絶対にない。つまり、誤って約定してしまった注文を処理してマイナスが出そうでも、「負担をゼロにしよう」とは考えない。「気づいた時点ですぐに処理する」「処理できる値段で買い戻す」のが大原則だ。

もちろん、顧客に損害を押しつけないように処理するし、誤って売ってしまった玉（ぎょく）がたまたま利益になっても、営業担当者が評価されることはない。

格言の説明に戻ろう。「愚の骨頂」は、本来の意味通り、「これ以上ないほど愚か」ということで、現代の話し言葉ならば「うわっ、サイアク」と顔をしかめるほどの状況だろうか。

まとめると、「利食うと同時にポジションを売り買いひっくり返すなんて、とても愚かなことだ」ということだ。いったい、何がいけないのだろうか……。

●〝愚の骨頂〟かよ……

格言だから言い切るのは当然だが、「愚の骨頂」とはずいぶんな言い方である。

気分的には受け入れ難いが、素直に捉えれば「よほど自信があるようだ。では考えてみよう」というところか。

実際、「愚」だの「骨頂」だのと強く表現するほど、利食いドテンという行為は慎むべきことだと感じられる。

うねり取りで上げ下げの往復を取ろうとすれば、上げトレンドで買いポジションを持ち、下げに転じたと判断して売り玉をつくるのは当然だ。

それに、「取れるときは取れ」という考え方が正しいはずだ。すると、当たっているとき、うまく乗れているときに、例えば「買いポジションを手仕舞いながら、返す刀で新規売り」というのも悪くはない——こんな発想も当然のような気がする。

いつも攻めていたら、どこかでドボンするが、「攻め時というものがある」と考えたっていいではないか、ということである。

しかし、格言が指しているのは、まさにこの部分なのだ。

例えば、買ったあと思惑通りに上がったところで、「よし、ここが天井だ」とばかり一気にポジションをカラ売りにひっくり返す、というのが利食いドテンだ。これに対して、「そんなふうに天井の一点を当てることなどできるものか」「おごり以外の何ものでもない」「神様にでもなったつもりかよ」ということなのだ。

言われてみればごもっとも。デイトレードで瞬時の判断を試みるわけでもなく、数週間、数カ月といった期間、ポジションを維持することをふまえれば、瞬間的にドテンするなど乱暴である。

●解決策は「時間差」

では、うねり取りで上げ下げを往復取ろうとする場合、どのようにポジションを操作するのか——手法の教科書なら、大別して2通りのやり方が示されるだろう。

ひとつは、分割でユルユルとドテンしていく方法だ。

例えば1万株買っている状態で順調に上がったとしても、「絶好の売り場はどこか」と狙えば、際限なく目がくもってしまう。だから、まずは1000株のツナギ売りを入れ、その感触から「まだ強い」と思えばそのツナギを外し……と手応えを感じ取りながら値動きを追う。最後は「そろそろ上げ止まりか」という感触をもとにツナギの株数を増やし、根の買い玉を売り手仕舞いしてカラ売りのポジションを残すという具合に、ゆっくりとドテンしていく。

もうひとつは、手仕舞いしたあとに休みを入れる方法である。

うまく乗れたならば一定のねばりをみせたいが、着実に利益を確定するためには勢いのあるうちに売り手仕舞いする。

そして手持ちがない状態で落ち着いて値動きを追いながら、ゆっくりと分割でカラ売りをつくっていく。

どちらにしても、ポジション操作のポイントは「時間差」である。常に予測不能なのが株価で、うまく当てたとしても細かい突発的な上げ下げは手に負えない。だから我を張らず、相手である株価に〝お伺い〟を立てながら進んでいく「順応論」に落ち着くのだ。

対する〝利食いドテン〟は、強引な「決め打ち」ということだ。

●中源線はドテンじゃないか?

ユルユルとした対応とは異なり、林投資研究所で提唱する投資手法である「中源線建玉法」におけるポジション操作は、3分割が基本であるものの、常に「陽線＝買い線」か「陰線＝売り線」に分け、規定には「中立」あるいは「休み」という判断がない。

そのため、転換したときは、買いから売り、売りから買いへとドテンを行うのがルールだ。

しかし、このルールには一定の合理性があり、〝愚の骨頂〟と指摘される要素はないと説明できる。

最も大きな理由は、個人的な感覚による判断ではない点だ。終値を結んだ折れ線チャートのパターン認識で、あらかじめ決められたルール（数式）に従ってポジションを動かすのだから、

「おごり」とか「調子に乗る」といった要素が入らない。もちろん、銘柄選定や資金額の設定、あるいは売買数量の設定には、「おごるな」という戒めが必要であるが……。

もうひとつの理由として、機敏なドテンによって中源線の大きな特徴が生きてくる、という点を挙げることができる。

次ページに示したのは、中源線の典型的な陰陽転換だ。「中源線はトレンドフォロー（順張り）のシステム」とも説明されるように、上げ始めてから「上げトレンドになったようだ」と判断して買い始め、下げかけてから売り始めるので、底に極めて近いところでは買えず、天井に極めて近いところでは売れない。そのかわり、トレンド途中で降りて「休む」という判断がないため、大きく動いたときに取り損なうことがない。

俗にいう「アタマとシッポ」は取れないかわりに、「身」は完全に食べ尽くすことができる。この〝身を完全に食べ尽くす〟部分が、前述した「大きな特徴を生かす」ことである。

「損小利大」を実現するためには、ダマシが発生した際の損を受け入れたうえで、トレンドが発生した際にはガッツリと取りにいくことになる。

例えば「2割取れたからOK」とか「3割も取れたから降りよう」といった判断を挟まずに、転換するまではじっとポジションを維持する。必然的にアタマとシッポを捨て、底や天井から少し遅れたタイミングでドテンすることになるのである。

図表2-9◎中源線による売り買い（イメージ）

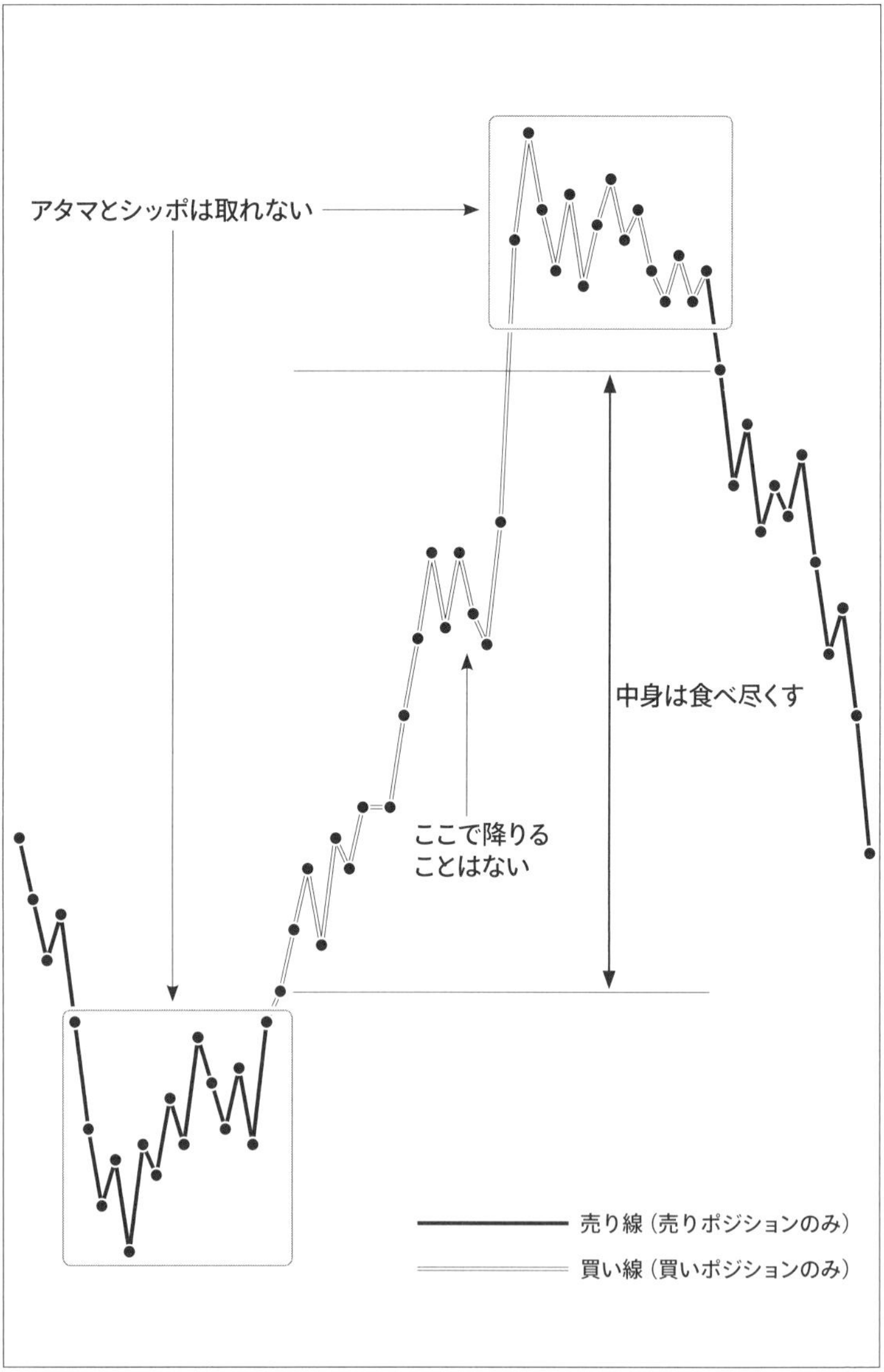

03

株式投資は“正しい技術”を学べば上手くなる

1. 指し値注文か、成り行き注文か

●指し値とは

指し値というのは難しいワザでもなんでもないが、簡単に確認しておきたい。

マーケットの価格は、常に変動している。そして、その変動で利益を得ようとするのが相場だ。しかし価格変動、つまり「うねり」とか「トレンド」と呼ばれる一定の潮流によって得られる値幅を狙っている場合でも、ごく短い時間で価格が小さく変動することに目をつけて〝少しでも有利に売買しよう〟と考えがちだ。その結果、指し値という選択肢が生まれる。

例えば250円で買って300円で売れば、利幅は50円である。これで十分だというのなら、買いも売りも「成り行き」で行えばいい。しかし、同じ時期に買って同じ時期に売りながら利幅を大きくしたいという願望は、自然なものだろう。例えば買いは2円下の248円で売りが3円上の303円ならば、利幅は10%も大きくなる。「これを見逃す手はない」というわけだ。

実際に日々の価格のブレがどれくらいあるのかを、1821三井住友建設で確認してみたい。2019年7月~9月の3カ月間の4本値と出来高を、次ページに示す。

図表3-1◎1821三井住友建設の４本値と出来高

日付	始値	高値	安値	終値	出来高
2019/7/1	609	615	607	614	860
2019/7/2	615	617	611	614	621
2019/7/3	611	615	607	615	784
2019/7/4	619	627	619	626	633
2019/7/5	628	632	627	629	494
2019/7/8	629	633	627	630	472
2019/7/9	630	633	612	615	866
2019/7/10	612	614	601	602	973
2019/7/11	606	608	598	602	1268
2019/7/12	603	604	590	591	1111
2019/7/16	593	602	592	596	699
2019/7/17	590	594	586	588	920
2019/7/18	586	586	567	569	1108
2019/7/19	572	586	572	582	871
2019/7/22	586	592	579	581	523
2019/7/23	580	588	574	585	563
2019/7/24	567	573	558	570	1359
2019/7/25	568	571	562	569	784
2019/7/26	567	577	564	572	598
2019/7/29	572	575	565	575	693
2019/7/30	565	573	564	568	1105
2019/7/31	569	585	567	581	1087
2019/8/1	571	578	566	569	1102
2019/8/2	560	565	554	557	1195
2019/8/5	548	552	531	537	1072
2019/8/6	518	539	516	536	1240
2019/8/7	528	533	516	522	1440
2019/8/8	518	530	511	517	1530
2019/8/9	515	518	508	509	1735
2019/8/13	503	514	501	511	1255
2019/8/14	519	522	514	517	957

日付	始値	高値	安値	終値	出来高
2019/8/15	507	515	506	513	752
2019/8/16	508	514	506	509	1468
2019/8/19	517	524	514	521	576
2019/8/20	520	529	518	527	766
2019/8/21	523	526	520	522	725
2019/8/22	524	526	514	515	732
2019/8/23	517	525	516	518	670
2019/8/26	505	511	505	509	765
2019/8/27	515	517	510	511	661
2019/8/28	511	513	500	501	824
2019/8/29	503	512	501	511	932
2019/8/30	521	529	520	527	1290
2019/9/2	531	535	522	523	899
2019/9/3	522	528	520	525	733
2019/9/4	520	521	515	517	723
2019/9/5	519	530	517	525	844
2019/9/6	530	530	523	524	718
2019/9/9	524	539	522	536	845
2019/9/10	540	558	538	553	1143
2019/9/11	566	573	563	571	1372
2019/9/12	576	583	575	577	1387
2019/9/13	582	582	573	581	1078
2019/9/17	582	591	579	585	969
2019/9/18	575	575	560	564	999
2019/9/19	562	570	561	565	1149
2019/9/20	570	570	554	554	1153
2019/9/24	555	566	554	556	1116
2019/9/25	553	559	550	555	619
2019/9/26	562	563	554	557	918
2019/9/27	558	569	554	567	974
2019/9/30	567	575	564	567	651

※出来高は千株単位、千株未満を切り捨て

適度に上げ下げのある銘柄だが、この期間はたいした動きがみられない。それでも、終値で見て、7月8日の630円から8月28日の501円まで下げたあと、9月30日には567円まで戻っているから、波動に乗れば十分な収益が期待できる。そして、例えば次のように考えるのではないか。

「この上げ下げを丸々取ることはムリでも、半分くらいなら可能ではないか。そのとき、売りも買いもそれぞれ数円ずつ有利になれば（買いは安く、売りは高く）、実際の利幅は数%、場合によっては1割から2割も大きくなる」——これが、多くの人が指し値を使う理由だろう。

●指し値注文の成立と成り行き注文の成立

例として挙げた1821三井住友建設の、実際の指し値注文を見ながら説明する。

次ページ図で示したのは、2019年10月1日大引け後の、三井住友建設の板（いた）だ。板というのは、取引所で注文処理するときに使われるシートのことで、100%電子化された現在でも、古くから紙を使った手作業で行われていたものと同じ形式で画面表示されている。インターネット取引で個人投資家のパソコンに画面表示される板も、同じ形式のはずだ。

これは大引け後の板だが、ザラ場でこの板が目の前にあると仮定して考えてほしい。右側が買い指し値で左側が売り指し値、それぞれの価格に指し値の合計数量が示されている。

最も高い買い指し値は578円で最も安い売り指し値は579円、つまり俗にいう「578円カイ、579円ヤリ」という状況だ。仮に成り行きで5千株の買い注文を出したら、最も安い売り指し値である579円の売り注文とぶつかって売買が成立する。

「よし、579円で買える」と思って出したところ、一瞬前に「579円で8千株買い」という注文が出て成立していたとしたら、成り行きで出した5千株の注文は、「579円の売り指し値の残り800株」と「580円4200株」を買う結果となる。

図表3-2◎三井住友建設の板（10月1日大引け後）

売り		買い
6,800	588	
17,300	587	
15,700	586	
33,600	585	
35,800	584	
47,400	583	
35,100	582	
42,200	581	
50,300	580	
8,800	579	
	578	3,800
	577	7,400
	576	9,600
	575	48,900
	574	43,200
	573	60,900
	572	33,700
	571	4,500
	570	22,700
	569	4,300

このとき、「579円で買うのはいいが、579円と580円を買うのはイヤだ」と考え、あえて成り行きにしないで「579円、5千買い」という注文を出すこともできる。

また、580円以上に適度な数量の売り指し値があることを理由に、「576円から578円に指し値を入れておけば、ザラ場のブレで今日中には買えるだろう」といった計算も、ごく自然な発想だ。指し値の使い方は、いろいろと考えられる。

●日常生活の指し値

相場における指し値について整理するために、日常の行為に当てはめて考えてみよう。株や商品取引の指し値と全く同じものはないが、価格の変動に注目する行為や、指し値の要素を含んだ行為はある。

例えばマンションを買うときに、「もう1、2年待ったほうが安く買えるかもしれない」と予想したり、「十分な頭金を用意できないけれど、これから値上がりしそうだから今のうちに買いたい」と考えるのは、ある意味、相場を張るときに考えることと近い。

あるいは、マンションの面積や間取り、地域、駅からの距離などとともに価格の条件を示し、「条件に合う中古物件があったら知らせてほしい」と業者に依頼するのは、指し値のようなものだといえる。

相場の対象となる〝銘柄〟は完全に規格化されているのに対し、マンションには統一された規格がない。だから、すべて相対（あいたい）で取引を行う。条件に合うと業者が判断したものについて、購入を具体的に検討するかどうかを決めればいい。

これに対して金融マーケットでは対象の銘柄が規格化されているので、「業者から情報をもらって考える」部分を抜きにした指し値というシステムがあり、もし指し値で買いの意思表示をしたら、その価格で売りたいという人が売り注文を出した時点で取引が自動的に成立する。

商店街での買い物は、株式市場のようにシステム化されたものとはだいぶちがうが、指し値の要素はある。商店が提示している販売価格は、いわば売り指し値のようなものだ。

1200円という値札がついていれば、それは「1200円ならば売ります」という店側の意思表示だ。「では、これをください」と私たちが意思表示すれば、「1200円という売り指し値を見て成り行きで買った」ようなものだ。

では、値引き交渉はどうだろうか。1200円という提示価格に対して、「オジサン、3つ買うから1つ1000円ちょうどにしてくれない?」というのは、「1200円という売り指し値があるところに、1000円ちょうどで買い指し値を入れて、相手の出方を探る」ようなものだと説明できる。

●マーケットの特徴

前述した「日常生活の指し値」は、少しこじつけみたいなところもある。だが、こんなふうに分解して考え整理してみると、意外な発見がある。少なくとも、自分の行動を分析することができるだろう。

相場技術論は感覚で売買することを主張する考え方だが、感覚を使うのは最終的な売り買いを決断するときであって、基礎的な知識や認識はしっかりしているべきである。

人間は、常に合理的な行動を取ることなどできない。「経験」という偏った記憶と、記憶と一体の情動（感情）が判断や行動を左右している。

「感覚で売買する」というのは、何から何まで感覚で行うということではなく、感覚による行動を上手にコントロールしようということだ。だから、いつもの売買と離れて考えることで、感覚や感情がどう結果に結びつくのかを知り、必要な工夫をしようというのである。

さて、日常の消費行動とはちがうマーケットの大きな特徴は、

・価格が大きく変動する（だから売買で利益を狙える）
・取引の相手は不特定多数

という2つの点だ。

価格が大きく変動するということは、「だいたい２５０円」と思っていても、あっという間に位置（値）が変わってしまうということだ。

「２４５円くらいで買おう」「できれば２４０円台の前半」と思って値動きを見ているうちに少し上がれば、「もう上がり始めたのか」と驚き、「いや、また下がる場面があるだろう」と期待しながらも、不安を抱えて戸惑う。

価格が大きく変動するから、それを利用して儲けようとしているのに、買うと決断したとたんに「このあたりが底値で、これから先は上がるだけ」と決めつけてしまったり、「自分が買うまでは上がらない」「ゆっくりと安いところを拾うことができる」という考えに支配されたりする。

予想は、多分に希望的観測である。だから、「値動きを観察する基準」として割り切って使うのだが、割り切り方が足りないとバランスが悪くなる。

もし買わないうちに少し上がって280円になった場合、「上がり始めたとすれば、自分の予想は正しかった」という思いと同時に、まだ買っていない自分の判断ミス（あるいは行動力の不足）ではないかという逆の発想も生まれて混乱する。

しかし、取引の相手が不特定多数だから、商店で値引きを打診して反応が悪かったから急いで引き下がる、といった対応はできない。だからちょっとワキが甘いだけで、自分の中に閉じこもって迷いを増幅させてしまう。

相場技術論では、ややこしい状況を元から切り捨てようとする。複雑になった状況を切り抜けるために、それに対応した複雑な方法を用意する、といったことを嫌うわけだ。

次項では、「逆指し値」や「トレーリングストップ」といった指し値注文を使ったワザを紹介するとともに、相場技術論では指し値がどのように解釈されるのか、について説明する。

2. 指し値を使った注文テクニック

●逆指し値

通常の「指し値」は、例えば「200円で買い」は「200円以下ならば買う」ということで、「250円で売り」は「250円以上ならば売る」という意思表示だ。つまり決められた価格より下で買う、決められた価格より上で売る、という意味だ。

これに対して「逆指し値」というのは、例えば買いポジションを持っていて「200円を割り込んだら損切りして仕切り直したい」と考えた場合に、「下がって199円をつけたら売る」という行動を売買システム上で設定することである。

近年になって登場したサービスで、以前は通常の指し値注文しかできなかった。だから逆指し値の注文を実行する場合は、自分で株価を見ているか、証券会社の担当者に連絡をもらってから注文を出すしか方法がなかった。

しかし逆指し値の考え方は、かなり以前からあった。私自身も30年以上前に教わった記憶があるし、その時に読んだ本に「逆指し値、ストップロスオーダー（Stop Loss Order）」という説明があった。

一般にはあまり知られていなかったかもしれないが、実践家は終値を見て「自分が想定している値動きから外れた」と判断して損切りするという選択肢をもって売買に臨んできたし、証券マンがそれをサポートするという図式も以前からあった。

●トレーリング・ストップ

さて、逆指し値の有効性などを議論する前に、逆指し値の応用として「トレーリング・ストップ」という手法を紹介しよう。

例えば上げを予測した買いポジションの根拠が、「200円を割らずにいれば一定の上げがある」というものだったとする。そこで、199円の逆指し値をしておけば、予想とちがって弱くなったときに売り注文が執行されポジションを消すことができるので安心なわけだ。

では、思惑通りに上昇したらどうなるか。状況は明らかに変わる。つまり現在値と逆指し値が離れるので、逆指し値の有効性は薄くなってしまうのだ。

215円で買い、199円に逆指し値を設定した。そして思惑通りに上がって250～260円になった。この段階で、199円の逆指し値には大きな意味がなくなる。

そこでひと工夫する。株価の位置が上がったことに対応して、例えば逆指し値を240円に

図表3-3◎トレーリング・ストップ

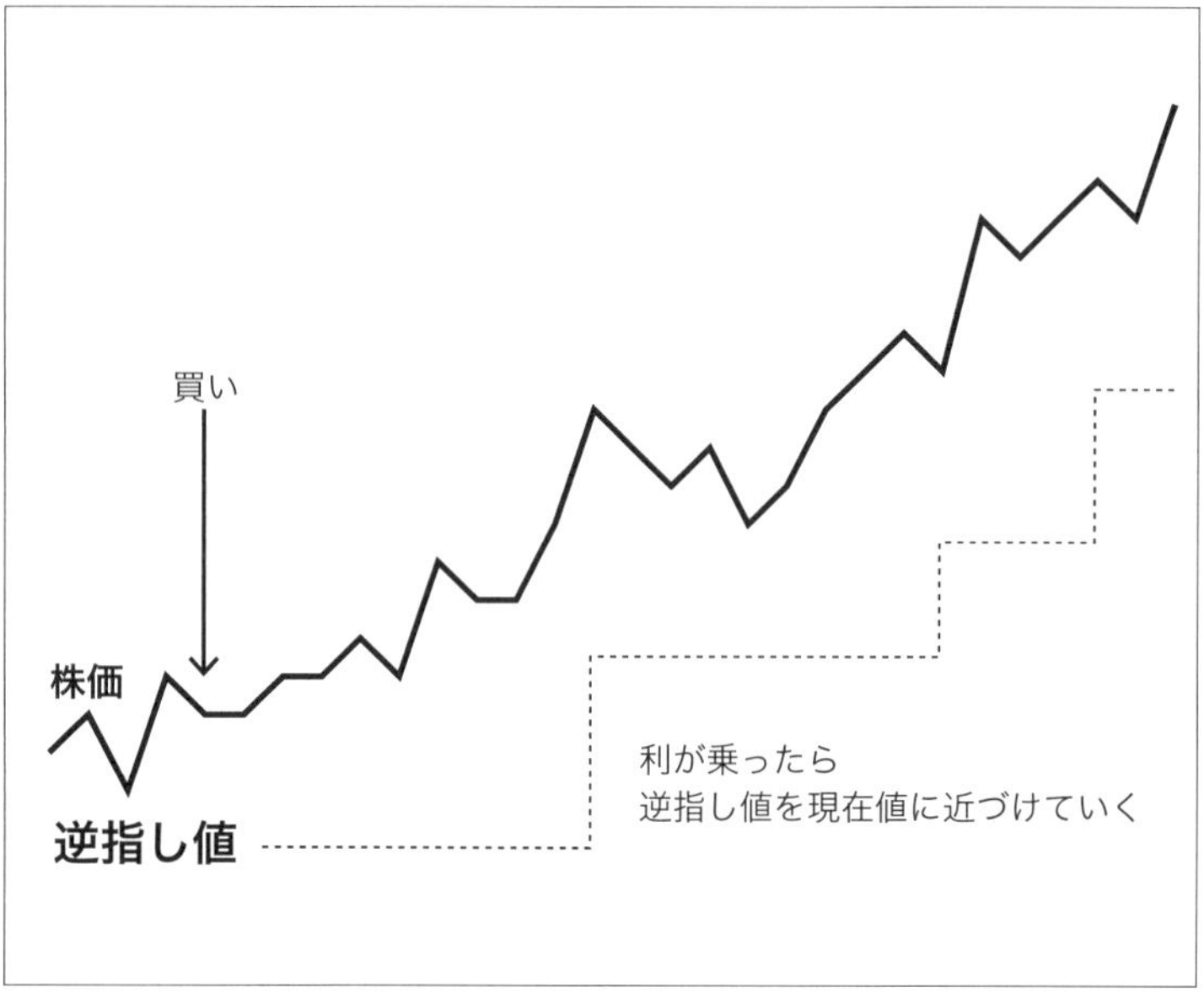

上げるのだ。買って最初の逆指し値を設定した時点では「損を小さくとどめる」逆指し値だったものが、「利益確保の逆指し値」になるのである。

こうやって思惑通りの方向に動く、つまり順行するに従って逆指し値を現在価格に近づけて再設定していくのが、トレーリング・ストップである。

上の図が、トレーリング・ストップの概念だ。こうやって説明されると非常に合理的なようだが、相場技術論では否定的に考える。

その理由は後述するので、まずはこういう考え方がある、こういうテクニックがある、ということを理解して先に進んでもらいたい。

●順応という考え方

株価は上げ下げのトレンドをつくるが、そのトレンドには細かいブレがある。だから指し値をうまく使うことで売買の価格は少しずつ有利になり、積もり積もって大きく得をする。

これが、指し値を肯定する考え方だ。また、逆指し値やトレーリング・ストップといった応用テクニックを使えば、さらに有利な売買が展開できそうに思える。

だが相場技術論においては、指し値はストレートに否定される。

マーケットに不特定多数の投資家が集まって価格が形成される構図を素直に受け入れ、対立とか一対一の駆け引きといったイメージの延長にある指し値を否定するのである。

価格がつく背景は一切考えず、価格という最終結果だけを独立した事象ととらえ、その動きに自分を合わせようとする「順応」の考え方が核となっているのだ。

前述したように、マーケットで行われている競争取引は、一般的な相対の競争とは根本的に異なる。どれだけ努力しても動かすことのできないマーケットの価格変動というものに対して、「乗るか乗らないか」という選択肢があるだけという、とてもシンプルな考え方こそが実践的なのだという哲学だ。

基本的な売買手法を決め、それに基づいた戦略を立て、実際の値動きを見ながら予想を立て、そして「ここが出番だ」と確信したときにだけポジションをつくるのである。

だから、「買いだと決めたら確実に買う」「売りだと思ったら確実に売る」ことを最優先させるために、指し値をしないで売買を成立させる。それでこそ、マーケットの値動きという、とんでもなくメチャクチャな相手に対して、なんとかギリギリで対応していくことができる、という考え方だ。

「でも、予期せぬ突発的な動きがあった場合は……」という反論に対しては、以下のような言葉が答えとなる。

・どうしても指し値が必要だと感じるような銘柄は選ぶな
・だから分割売買をするんだ
・だから資金に余裕をもつんだ

大きく捉えるならば、そもそも、突発的な動きを利益につなげるのが相場なのに、根本的な姿勢がおかしいではないか、というのが答えなのかもしれない。

●時間という要素

相場のトレンドは、「価格の位置」「時間の経過」という2つの要素で形成されている。

100円の缶コーヒーが120円になった、というだけなら、単に価格の変化である。しかし時間の経過という要素を加えて、100円↓110円↓120円……と時間的な変化を考えれば、トレンドという概念につながる。「価格」だけではチャートを描くことができないが、「時間」を加えれば2次元のチャートになる。

指し値には時間の経過という要素がないというのが、相場技術論が否定する理由のもうひとつの説明かもしれない。時間が止まっている状態での「価格の差」だけを問題にするから、指し値はよろしくないのだ、と。

もちろん、これに対しても反論はある。チャートでトレンドを見て、時間の経過の中で状況が変化していくことを念頭に置いて、人間の弱いところを出さないようにするために指し値をするのだ、ということだろう。

こうやって掘り下げると、どんどんややこしくなっていくのだが、一応の答えを示そう。

●消極姿勢と積極姿勢

何もかもが消極的だと、話にならない。しかし何から何まで積極的だと、リスク管理の足りない無鉄砲な状態になる。消極姿勢と積極姿勢、言い換えればネガティブ思考とポジティブ思考のバランスが大切なのだと思う。

相場という行為そのものが、かなり積極的なものだ。だから資金を余らせたり、予想が外れることを前提にして慎重に分割することに大きな意味がある。指し値もその延長で肯定されてよさそうだが、実践するうえではどうも中途半端なのである。前述した「順応」を実現するために、大きな障害になると感じるのである。

値動きに順応するために使うのが、変動感覚だ。値動きを独立した事象として捉えるのだが、背景には投資家の感情や不合理な判断がある、だから株価は変則的な動きをする、だから自分自身も計算によらず値動きを感覚で捉えて対応しよう――これが相場技術論だ。

逆指し値は完全には否定できない。できれば自分の感覚だけを使って「まずい」と思ったら軌道修正するというように、売買の最終的な判断の場面では機敏に動く姿勢を保っていたい。

逆指し値は、感覚を使って積極的に値動きを見ることに慣れていないうちに使う一時的な手段だ、というのが相場技術論の答えではないだろうか。逆指し値をすることで安心して、「それほど注意していなくても大丈夫だ」と気を抜いてしまうことを、とても嫌がるわけである。

トレーリング・ストップについても同じだ。たしかに利益確保は実現するが、その動きが大相場につながる可能性があるのか、あるいはとっとと逃げてしまう程度の動きなのか、そんなことを感覚で素直に考えることを放棄してしまうことになり得る。だから、少なくともそういうテクニックを万能視するのは危険だ、と考えるのである。

●現実的な方法を

相場技術論では、感覚という唯一自分でコントロールできるものを大切にする。つまり、自分の〝強み〟を積極的に使うのだ。

消極的な姿勢も大切だが、それは売買の戦略を準備するという事前の段階で重視することだ。これが、感覚を重視して生き残ってきた実践家が出した結論なのである。

ストイックに聞こえるかもしれないが、本業のかたわらで資産形成をするのなら、それほど自分を追い込まなくてもいい。資金量も抑え、生活全体のバランスを考えて相場に費やす時間を設定すればいい。ただ、売買そのものの考え方や方法論はプロにならうべきだ。

私が提唱するのは、指し値を一切使わない方法だ。人によっては、指し値をバランス良く組み込んだ売買法を実現できるのかもしれない。百歩譲れば、こんな考え方にもなる。

しかし、逆指し値やトレーリング・ストップといったテクニックは、すべての人に平等に与えられた選択肢である。安易に万能視するのは危険だと思うし、それによって自分の弱いところがカバーできると考えるのはおかしい。

自分の強みをうまく生かすことを第一に考え、もし指し値などのテクニックを使うとしても、自分の確固たる意思で積極的に使ってほしい。外部からの情報を無防備に受け入れて何となく使う、というようなことはしないでほしいのだ。

3. トレード戦略とポジション操作

●パターン化した戦略でトレードする

相場の先行きを読もうとする試みは、トレードする者にとって当たり前のことである。

しかし、誰にもわからないから、売る人と買う人がいてマーケットで値段がついているのだ。だから、「こうなるだろう」という、ある意味、不安定で危うい〝想定〟によってポジションを取ることになる。

ここで重要なのは、「トレードのスタイル」だ。

さまざまな状況に対して機敏に行動したいのだが、不安定な想定を基に臨機応変な売り買いなんて、現実を無視している。一般的な感覚で理想を意識すると、意外とカンタンに限界を超えて混乱し、「この先どうなるの？」と第三者に情報を求めてしまう。

そこで、多くの実践者が断言するような、「トレードスタイルを固定する」「取れる相場は取れるが、取れないときがあることを容認する」という結論に達する。

ここで、値動きのイメージ図（次ページ）を見てほしい。下がってきた相場が底値圏に入り、

図表3-4◎どこで買いますか?

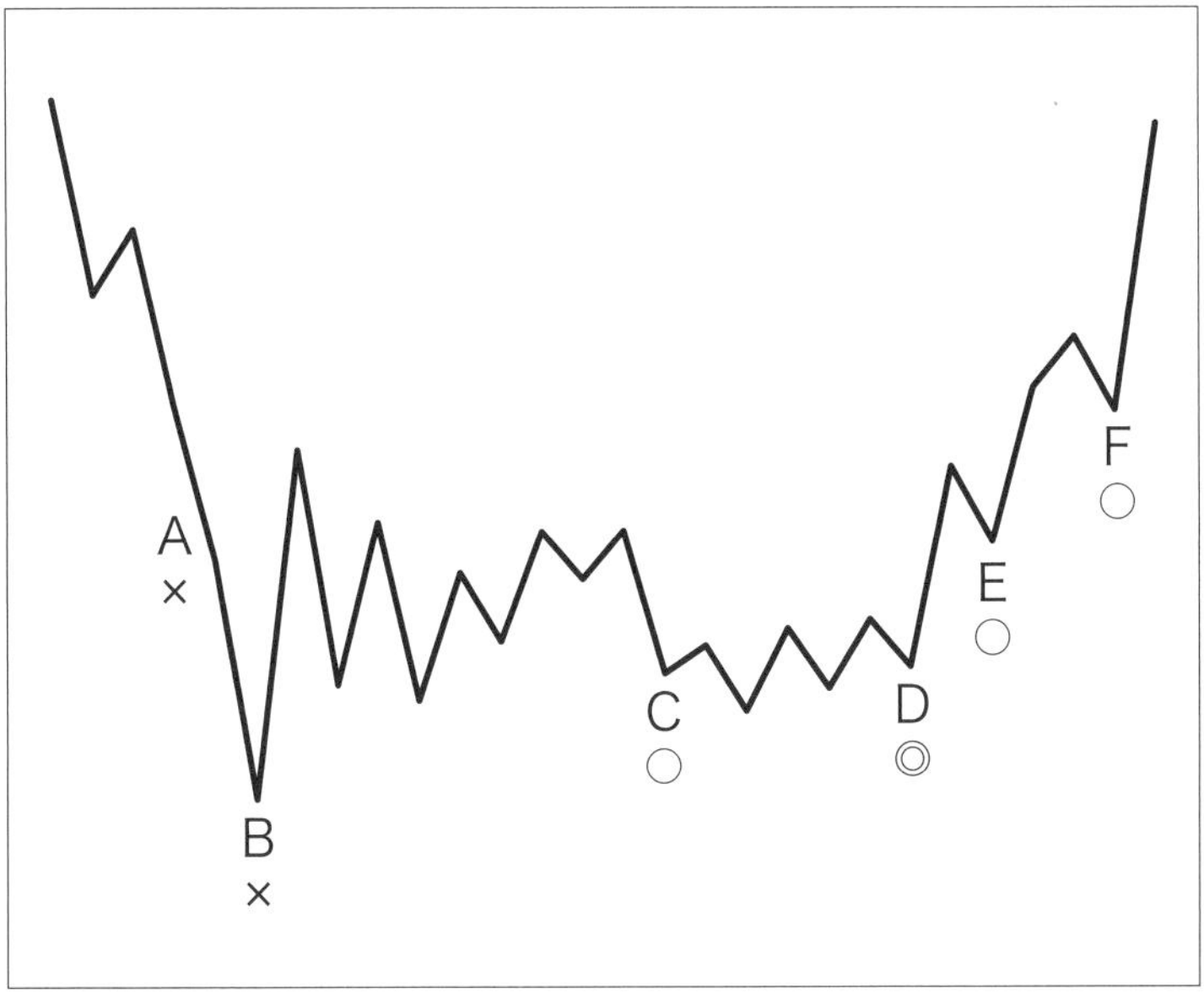

一定期間の底練りを経て上昇していく様子を示したものだ。

必ずこう動くと決まっているわけではない。でも、このようなイメージをもちながら、「今はこのあたり」と自分なりに定義して行動するのがトレードだ。

私が理想と考える買い時期は、CとDである。一点を挙げろといわれたら、迷わずDだろう。

最初の建玉から上げ始めるまでの時間が短いほうが、あとあとの対応がラクになるからである。こうしてチャートのヨコ軸、つまり「時間」を考えることを私は大切にしている。

タテ軸の「価格」だけで考えれば、最安値のBが理想だろう。

しかし、もしBで買ったら、上げ始めるまでに時間がかかりすぎる。現実的には、Eあたりで売ってしまい、その後の大きな上伸を逃すことになるだろう。

また、Bを狙った結果としてAで買ってしまったり、Bの直後の一時的な高値で買いついてしまうことも〝相場あるある〟だ。サイアクは、Bを狙ってAで買い、Bで慌てて投げることだ。だから私は、底練りの後半にあたるC、Dで買いたいと考えるのだ。

C、Dで買うには、底練りにおける面白みのない動きに注視して神経を使う必要があるし、実際、必死になっても期待通りに見通すことは本当に難しいのである。

※「Cで買い始めるが、EやFで乗せて本玉をつくり上げる」といったスタイルもあるし、無限ともいえるパターンがあり得る。しかし、深い議論になりすぎるので、ここでは割愛する。

そこで、「上がり始めてからでもOK」「そのほうがポジションを持つ期間が短くなる」「頭は誰かにくれてやれ」という発想が出てくる。多くの人が「安く買う」という言葉にとらわれているが、「上げの初動を見てから買う」スタイルにも大きな長所があることに気づくわけだ。

上げ相場だけではない。下げ相場も同じだ。

「高く売ろう」としてタイミングが早すぎると、カラ売りのポジションをかつぎ上げられる。タイミングが少し早いだけでも、高値の保合を長々と経験させられて、精神的に疲れてしまう。だったら……「下げ始めてから売りを仕掛ければいいじゃないか」「うまく売り乗せしてねばれば、利が伸びるだろう」と考えるのが現実的である。

あらためて強調するが、スタイルをゆらゆらと変化させながら臨機応変に対応するなんて、トレードという常に緊張を伴うゲームでは非現実的である。スタイルを「決めておく」ことが肝心なのだ。

●取れるときと取れないとき

同じ銘柄でも、時によって異なる値動きをみせるものだ。

天井や底では、じっくりジワジワとトレンドを変化させる——こんな傾向がハッキリしている銘柄でも、突飛な動きで方向転換することがある。ある程度は銘柄ごとの「クセ」があるのだが、まるで気分屋のわがまま人間のように、予見できない動きを示すのが株価というものだ。

そんな株価変動に対してトレーダーは、一定の確率をもった判断基準でポジションをつくる。

例えば、上昇した相場に対して、「この銘柄の、このパターンでは、天井を打って下げに向かうだろう」という具合に……。

そして結果は、当然のごとく、当たったり外れたりということになるわけだ。

この〝当たり外れ〟について、何か具体的な判断基準を設定して考えてみよう。

次ページの図は、同じ値動きに対して2つの手法、「逆張り戦略」と「ブレイクアウト戦略」を当てはめ、損益の出方のちがいを示したものだ。

逆張りトレーダーは、往来の上げも下げも両方を取ろうとする。図のような値動きでは、想定どおりの往来の中、上げたら売りを仕掛け、下げたところでは売り玉を買い戻しながらドテン買い越す。

そして、次に来る往来の高値では、買い玉を利食いながらドテン売り越し……こういう具合に利益を積み重ねていく。しかし、最後にボックス圏を上放れしたところで負ける。

「天井だろう」と見込んで買いを利食いながらドテン売り越ししたところ、グッと上伸したのだから、「自分の戦略では片づけられない相場だ。とにかく撤退」と損切りして休むのだ。

これに対して、ブレイクアウト狙いのトレーダーはどうだろうか。

往来の中、1回目の高値は見送り、そのあとの安値も見送った。しかし、2回目の高値で「上に抜ける」と読んで買ったあと下げてしまって損切り、次の安値で「下に抜ける」と予想して売りを仕掛け、また損切り……と負けが続くが、最後の上放れにタイミングよく乗ってシッカリと大きな利益を上げる。

図表3-5◎逆張り戦略とブレイクアウト戦略

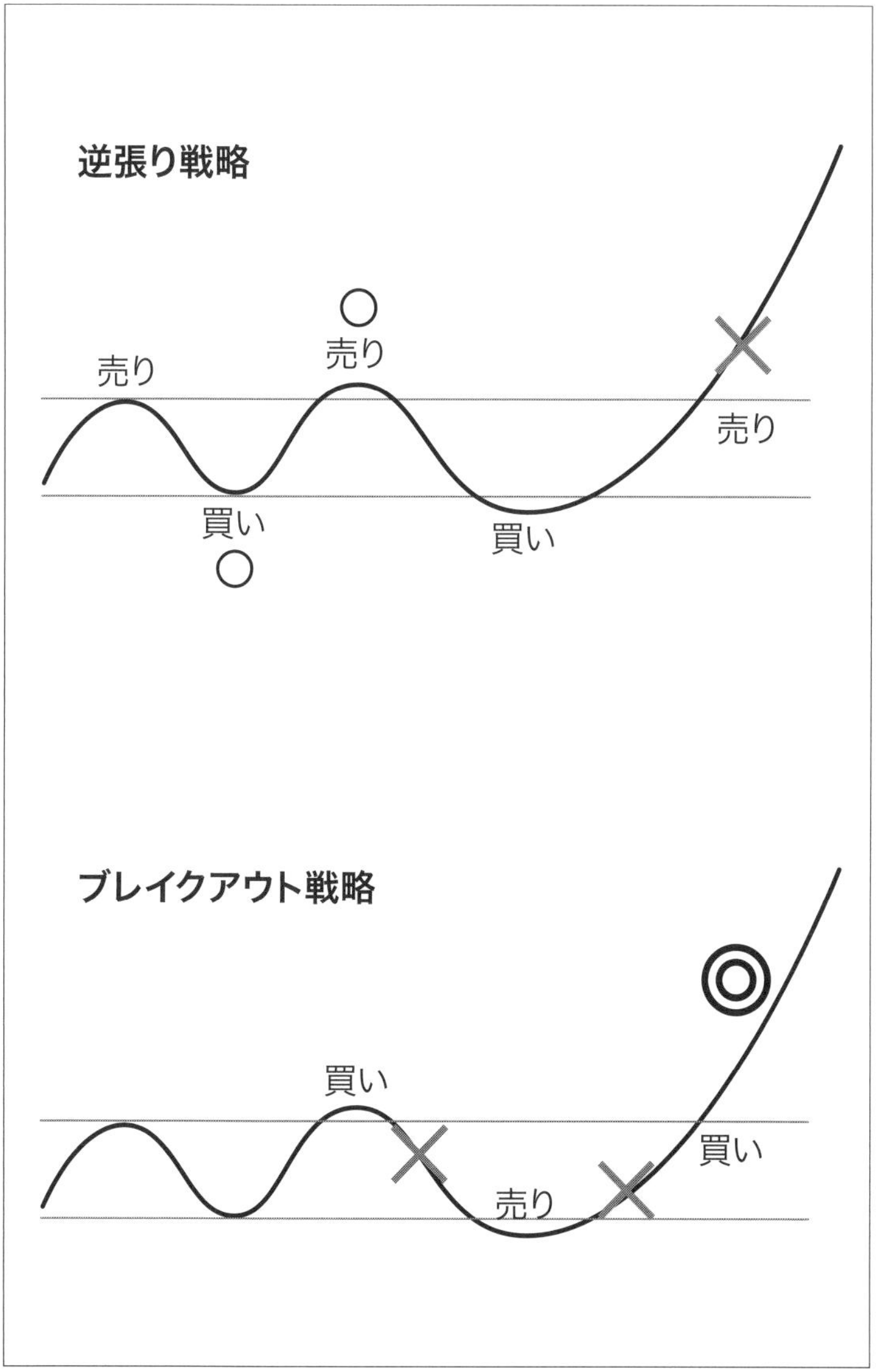

意外と多くの人が、「往来では逆張り」「ブレイクしたら順張り」というように、2つの異なる戦略をうまく使い分けて〝すべての動きを取ろう〟とするようだ。

だが、その考え方にはムリがある。

例えば、「黙ってオレについてこい！」式の〝オレ様〟タイプの男が好みだという女性と、逆に〝民主的〟〝紳士的〟タイプの男を好む女性、2つの異なる好みの女性にモテたいという、ムチャな願望と同じだ。

自分自身の自然なキャラ（自分がイメージできるトレード戦略）で、そのキャラが好きだという女性（その戦略で取れる動き、取りやすい銘柄）を相手にするしか道はないのだ。

往来相場か、ボックスを抜けて大きなトレンドが発生するかを見極めるのは、株価の天底をピタリと当てるのと同じくらい難しいと考えていいだろう。

●転換点を見つけるポイント

売買法（トレード手法）は、「予測法」「建玉法」「資金管理」の3要素で成り立っている。

3つのうちの1つである「予測法」にばかり力を入れず、転換点を見つけるという大切な事柄についても、シンプルかつ原則的なものにとどめる発想が大切なのだ。

この原則を示すキーワードのひとつが、「W型を探せ」である。

図表3-6◎一般的な「買い場」のパターン（その1）

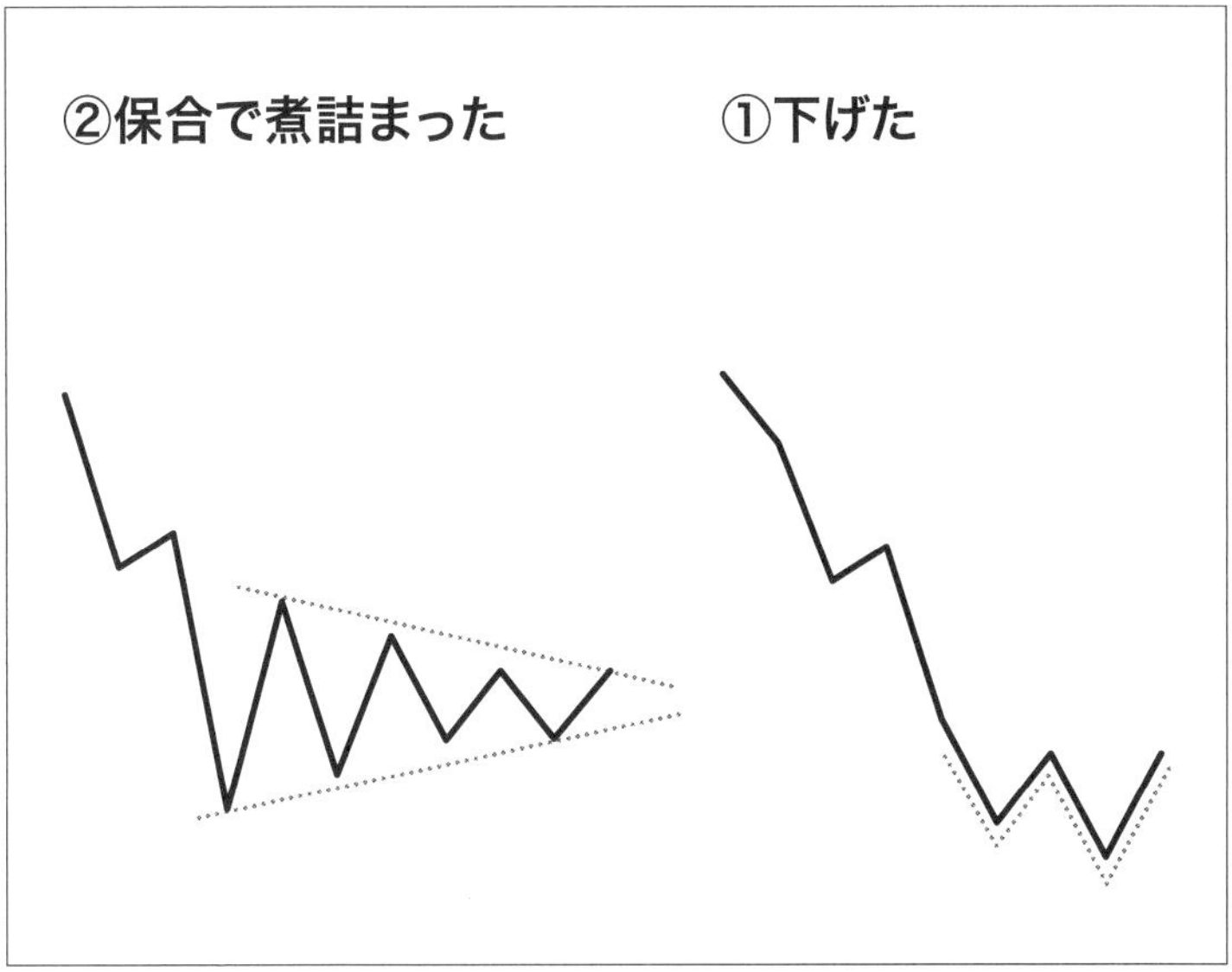

相場なので当然、上がったり下がったりの連続だ。だからW型が出現するのは当たり前なのだが、ついチャートのタテ方向にだけ目を向けてしまう。

つまり、ヨコ軸である時間の経過を無視して価格だけを考えてしまいがちなので、バカにできない有効性があるといえる。

１４７～１４８ページの図を見てほしい。

①　株価が下がれば、買いのチャンスが生まれる。「下げたら上がる」は、相場の原則として間違っていない。

しかし、単に下げただけで買い出動すると、下げの途中で買ってしまうかもしれない。逆張りのつもりが、「逆行のポジション」をつくってしまうわけだ。

図表3-7◎一般的な「買い場」のパターン（その2）

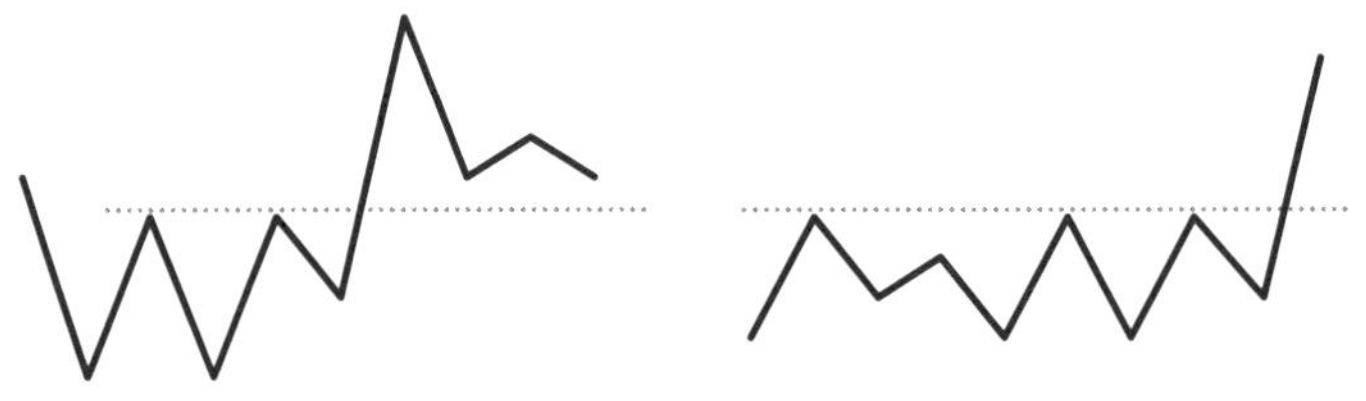

これを避けるためには、日柄の観察などいくつかの観点が有効だが、価格が下げ止まりを示すこと、チャートにおいては「W型」をイメージするとよい。

② 下げ止まり、往来が続きながら振幅が小さくなっている。いわゆる「収れん」している状態である（前ページ図）。

間もなく上下どちらかに放れる、安値圏や上昇途中ならば「買い」と判断できる。

③ 行ったり来たりの動きから上に抜けたので、今までの上値抵抗線（点線）が今後は下値の支持線になると考えられる。

④ ③の上抜け後に押し目をみせている。

上昇トレンドに移ったとみているので、押し目は絶好の買い場だと考える。

事前に、「シンプルかつ原則的なものにとどめる発想が大切」と述べた。その一部をわかりやすく示しただけだが、それにしても、「カンタンすぎる」「幼稚だ」と感じたかもしれない。ただ、そんな気持ちから、つい複雑なことを考えてしまったり、怪しげな予測法にひかれて迷走してしまうことが実に多い。

単純かつシンプルなロジック（判断ルール）を使い、ポジション操作と併せてトレード全体を構築するのが正解なのである。

＊　＊　＊

転換点を見つける方法……多くの人が追い求める、ある意味、永遠のテーマだろう。

ちなみに、「当てよう」という気持ちは、とても大切だ。例えば「これから上がる」というように、自分なりの確信をもたないと、コントロールされた行動につながらないからだ。

半面、「当たり外れがある」という現実も受け入れなければならない。

「当てなくちゃ」と力を入れると、ちまたにある〝便利そうなもの〟〝手軽なもの〟を選んだり、的中率を上げるために大きな労力を費やし、いつしか「相場難民」と化してしまう恐れがあるのだ。

4. 分割売買で値動きに対応する

●なぜ分割するのか

多くの投資家は、「売買を分割する」という発想をもっていない。また、分割という発想があったとしても、その必要性を完全に納得していないから「面倒くさい」と感じ、結果として分割のメリットを享受できていないように思う。

では、なぜ分割するのか——。最大のポイントは、「値動きへの対応」だろう。

売買は、それなりにまとまった金額を動かす行為だ。しかし、意外と安易に行動するケースが多い。これについて一部の業界関係者は、次のように言う。「300万円の車を買うときは念入りに調べて考えるのに、1000万円の金融商品を買うときは安易だ」

警告としては素直に耳を傾けるべき部分もあるが、車を買うのは消費だから、金融商品を買うこととは区別する必要がある。

そして、この区別こそが、分割を含めた売買戦略の基礎なのである。

例えば個別株ならば、買った翌日に売ってしまうことも可能なほど市場に厚みがある。

だから、値動きを見ながらサッと買うという行動が許されるのだ。下げを狙ってカラ売りする場合でも、全く同じだ。ちなみに、商いが少なくて厚みのない銘柄に手を出すべきではない。利益を出すための機動的な行動に応えてくれる銘柄を選びたい。

さて、トレードは、車などの高額商品を購入することとは単純に比較できない。

とはいえ、十分な策がないまま安易にポジションをつくってはいけない。大切なカネを動かす作業なのだから、よく考えたうえで確信をもって行動する必要がある。

これらをまとめると、「よく考えて慎重に、しかしサッと行動しろ」ということになる。

相場格言の「まだはもうなり」「もうはまだなり」と同じく、相反する示唆で混乱して答えが出ない。この大問題を解決するのが、分割売買なのである。

例えば1万株買うときに、1回で買おうとしたら「安値の一点を当てよう」と力が入る。

しかし、実際には当たらない。それればかりか、最初の行動が即〝決め打ち〟になるので、「当たっていなければならない」という気持ちになる。つまり、買ったあとの機動的な対応が難しいということだ。

しかし分割することが前提なら、少し買ってみて「どうかな?」と考え、いけそうなら少し増やしてみて「このままの方針でいいかな?」と再確認しながら進む姿勢になりやすい。

機動的な損切りも可能で、数量が少なく値幅も小さいうちに切って出直すことができるのだ。

少額の売買では細かい分割を実行しにくいが、いずれ資金を増やす、あるいは利益が積み重なって増えることを視野に入れているはずだから、「1回で仕込む単発の売買を、少なくとも2回に分けて丁寧に行う」という発想で実践に取り組むべきなのだ。

●分割の効果は難平（ナンピン）

第2章で「ナンピン」を取り上げて解説した。「買い下がり」「売り上がり」だけを意識するのはよくないと、むしろ流れについていく順張り的な感覚の大切さを強調した。そして、次のように述べた。

「分割によって丁寧に仕込む、平均値を安くする、という発想は欠かせない。ただし、『トレンドに乗る』ことが第一で、次の段階で価格を考えるのが順序である」

ナンピンは、漢字で書くと「難平」である。「難を平らにする」の意味は、「均《なら》して不利な部分を減らす」ということだ。銘柄を絞って売買する場合、「トレンドに乗る」ことを第一に考え、丁寧な対応で平均値を有利にするよう努める。銘柄を絞っているだけに、少し神経質なくらいのポジション操作もあるだろう。

銘柄を絞らず、クセの異なる数多くの銘柄を取引対象にしていると、繊細なポジション操作は難しいだろう。しかし、とりあえず分割するだけでもナンピンの効果は得られる。

ここで、単に時間をおくだけの分割を想像してもらいたい。例えば、毎日１０００株ずつ買って１週間で５０００株、２週間で１万株仕込む、という方法だ。たまたま高い日もあれば安い日もあり、価格が有利になるかどうかは疑問かもしれないが、平均化されるから大きく不利になることはなさそうだ。「難を均す」効果が期待できるということである。

これは、「日柄によるナンピン」と呼べる。これに対して、買い下がりや売り上がりは、「価格によるナンピン」だ。

１００株ずつ20銘柄買う際に、個別の動きを見ながら１銘柄ずつ、多くても２銘柄ずつ買っていけば、１つの銘柄については単発であっても、全体では日柄による分割が行われ、単一銘柄の価格によるナンピンと同様に平均値が有利になると期待できるわけだ。

これの応用が、金額を一定にして定期的に買う「ドルコスト平均法」である。金融機関や、貴金属業者が行っている「純金積み立て」は、毎月の積立額を例えば「１万円」と固定し、１万円で買えるだけの数量を買い付ける。すると、金の価格が高いときには少ない数量を買い、価格が安いときには多く買うので、「日柄＋価格」のナンピンになるという論理だ。

●分割は必須

まとめとして、「分割する」ことの意義を再確認したい。

高値または安値の一点を当てようとする姿勢は絶対にダメだから、分割は必須だと強く認識するべきだ。たとえ少額資金で「1000株ずつ3銘柄」の売買でも、「分割で価格を有利にする」（少なくとも不利にしないように努める）という発想をもちたい。

価格によるナンピンもあれば、日柄によるナンピンもある。いずれにしても、手法や好みなどに応じて「自分の型」をもつ必要がありそうだ。

「経験が少ないから型をもつことができない」と感じても、無策で臨むのは好ましくない。わかる範囲、知っている範囲で仮説を立て、自分の意図を意識しながら売買を実行するべきだ。ただし、やみくもに分割しても手間がかかるだけで技術が向上する可能性はないだろう。「分割しなくては……」と自分に強制したって「型」に通じることはなく、分割することで満足してしまった結果、値動きを感じ取ろうとしない状態になる懸念がある。

自分で決めた分割の型を、自分の意思で実行する――この気持ちがあれば、型を進化させていくことになるし、仕掛けも、利食い手仕舞いも、損切りの撤退も、すべてを機動的に行うことにつながる。

●仕掛けと手仕舞いのちがい

分割の回数は、資金量や手がける銘柄数などによって異なり、前述した「型」によって人それぞれだろう。例えば1000株買うときに「1000株、3000株、3000株、3000株」というパターンもあれば、「1000株、2000株、3000株、4000株」と徐々に増加させるパターンもあり得る。

いずれ自然に型が決まるはずだから、最初は「1000株、1000株」と2回に分けて仕込み、それを一括で手仕舞うという、誰にでもやさしく実行できるシンプルなパターンを繰り返し行ってほしい。

次に、「型は人それぞれ」といっても、仕掛けるときと手仕舞うときでは、分割に対する考え方が大きく異なる、ということをつけ加えておきたい。

仕掛けは、「この見通しでいいのか？」「状況は変わっていないかな？」「見込み違いかもしれない」と慎重だから、必然的に丁寧に分割する。

これに対して手仕舞いは、すでに一定期間その銘柄の、その時々の値動きにかかわってきた状態で行うのだから、仕掛けのときのような〝手探り状態〟ではない。

だから、手仕舞うと決めたらあまり時間をかけず、分割の回数も少なめにするのが教科書における標準形といえるだろう。また、たとえ利食いであっても「撤退」にすぎないと考えることができるので、〝一気に〟やってしまうイメージで区切りをつけたいものだ。

ところが、心理的には逆をやりたくなる。

買って上がった場合、その買いポジションは自分の優秀さを証明してくれている大切な存在だから、「そろそろ逃げるべきだな。シッポは誰かにくれてやろう」と〝頭〟では考えていても、短期間で一気にポジションを閉じることに〝からだ〟が抵抗を感じてしまう。

そんなとき、もともと分割という発想をもっていなかった人が突然、分割することを考えつく。だがそれは進歩ではなく単なる逃避のような心理で、「半分売っておけばいい」といった根拠のない思いつきだ。

事前に用意しておいた戦略的な分割で、何らかの仮説に基づいた「半分」ならばいいが、危ないと考えながらも手放したくないという、意思のない未練たらたらな一手であることがほとんどだろう。

こういう弱い心理に迎合するように、専門家とされる人も「迷ったら半分売っておくといい」などと公言しているケースが多い。

このような、ちまたにある安直なアイデアを無思考で採用しないためには、何度も強調したように「自分の意思」で「自分自身の仮説」を実行する姿勢が不可欠だ。

大勢の優秀な人たちが考えに考えた結果、売りと買いに分かれて価格がついているのがマーケットである。教科書的な原則を基に分割するべきだが、細かい部分をコントロールする自分流の型と、それを説明する自分だけの理論が必要なのである。

5. ツナギの単純な活用方法

●売買のテクニックとは

「ツナギ」は、トレードにおける高等テクニックとされている。だがスポーツにおけるワザのように、特別な体力や筋力が必要ということではない。だから、「理論を聞いただけで実行できる」と考える人が多い。ある意味、その通りだ。

ところが実際の売買は、「カネ」の問題を抱えながら値動きを見て決断していくデリケートな行為なので、経験と慣れを土台に自分自身をしっかりとコントロールしていく姿勢がないと、単に「同じような」だけで全く異なる内容になりかねない。ただワザを使うだけだと、いたずらに手数《てかず》を増やすことになるだろう。

利益を求めてポジションを取れば同時に、損をする可能性も抱えることになる。だから相場を行う以上は、個々の売買におけるマイナスは容認しなければならない。

だがそれは、「適正に考えて適正な売り買いをしたときに出る、小さな損失は仕方がない」ということで、適正な売り買いに必要な、準備、知識、経験、心構え、などが不足していたら、

「相場以外のことで資産を減らす」ことともいえる。

単純なポジション操作でも、ここで説明するツナギのテクニックでも、いかに情報を整理し、いかにシンプルに進めていくかが最重要である。こんな地味な部分に目を向けることこそが、前述した「経験と慣れの土台」ではないだろうか。

●「思惑」を明確に

ツナギをひと言で説明すると、「反対玉を建てること」である。買いポジションに対しての「売りツナギ」、または売りポジションに対する「買いツナギ」だ。

だが単に反対玉を建てればツナギ、ということではない。

単なる両建てでは、前述した「同じような」だけで全く異なるものでしかない。上げまたは下げトレンドに乗って値幅を取ろうとするのが相場だから、できればツナギなど使わず単純に、「買い→売り手仕舞い」または「カラ売り→買い手仕舞い」と区切りをつけたい。

だが区切ることを重視すれば、取る値幅は小さくなりやすい。

むやみに突進する姿勢は大ケガにつながるし、「頭とシッポはくれてやれ」という格言もあるが、現実的に可能ならば頭もシッポも取りにいくべきである。取れる動きならば、取りにいくべきなのである。

これを少しでも多く実現するためには、相場の〝読み〟、つまり「上がると思うのか下がると思うのか」という自分自身の答えを常に明確にしておくことが第一歩となる。

予測は当たらない、というのが相場技術論の前提だが、自分自身の見通しはもつ必要がある。「両建てすればいい」と安易に考えると、意味のないポジション操作になってしまうのだ。

ちなみに、異銘柄あるいは先物の異限月を両建てすることが前提の売買は、常に両建てで仕掛け、手仕舞いは両方とも同時に外すことが基本である。

●基本は「仕掛け」「手仕舞い」「休み」

「明確な思惑」によってポジションを取れば、予測に沿って「仕掛ける」、予測を基準に現実の動きを見ながら「手仕舞いする」、そして次のチャンスが到来するまで「休む」、という流れができる。

しかし、上か下かという肝心の問題がちょっとでも甘い状態で、「両建て」という選択肢があると、例えば次のようなことが起こる。

「上がると思って買った。しかし下がってしまった。買い値より下で全玉を売りつないだ」

具体的な数字を入れてみよう。200円で1万株買った、弱々しい動きを見て180円で1万株信用で売り建てした、という状況だ。いわゆる「ヤラレの両建て」である。

思惑と逆に動いた時点で全玉を売りつなげば、それ以上に損が膨らむ心配はない。とはいえ、「つないだあと、どうするのか」という問題が残る。「イヤだな」と感じながら放置してしまうよりは明らかにマシなのだが、両建てを〝どうほぐすのか〟という難問が残るのである。

ワザを使おうとばかりに手数が増えると、いったい何が狙いで何をどうしようとしているのかが不明瞭になり、相場に対する自分の思惑がわからなくなる、というよりも「わからなくてもいいや」という姿勢になるのである。

やはり、「上がると思うから買いポジションをつくるんだ」「下がると思うから売りポジションを持つんだ」と、予測不能な先行きに対して明確な予測を立てること、そしてその通りにポジションを取ることが欠かせない。

こういった土台を崩さないために、「ツナギはのべつ使わず、限定的に使うべきだ」といわれる。ちょっとした〝決め台詞〟のようなもので、ここぞというときに使うから効果がある、ということだ。

●ツナギで強弱を判断

『ツナギ売買の実践』（林輝太郎著、同友館）は題名の通り、ツナギについて詳しく述べているが、深すぎる部分も多いので、ここでは簡潔な説明をする。

例えば、200円で1万株買った株が300円に上昇したとする。

サッと全株を売ってしまえば、100円幅の利食いが確定して区切りがつくが、「200円が300円になったのだから、さらに上もあるのか？」と思うのが人情だし、実際にその可能性を考えるのが「取れるときに取る」ことにつながる。

ここで1000株でもツナギで売る、つまり1万株の現物はそのままにして信用で1000株新規売りを建てると、この売り玉は、買い玉1万株の1割を利益確保すると同時に、今後を考える新たな基準となる。

つまり、300円で1000株売りというポジションが登場したことで、「ここからどう動くのか」と真剣に考える物差しが生まれるのである。そのまま持っていて「もっと上がってくれ〜」と願うだけの状態とは全く異なるということだ。

「上がったから、とりあえず半分手仕舞い」というのは中途半端な態度で、内容は前述した「ヤラレの両建て」と近い。一方、「もっと取りたい」「でも自分の目がくもっているかもしれない」と考えてツナギを活用すれば、自ら積極的に行動する〝計画的〟な売買になり、当事者意識を捨てずにすむ、という論理である。

6. 職人の売買「うねり取り」

●うねり取りは難しいのか

「うねり取り」という単語がどのような人たちに使われてきたのか――。今となってはわからない。もしかしたら、林輝太郎が命名したのかもしれない。

だが、とにかく戦後、輝太郎が相場を学んだ時期に、多くの一匹狼的な相場師が銘柄を限定した職人的売買を行っていたのは確かなことで、その考え方や効用が輝太郎の手によって広く紹介されたことは明らかである。

当の輝太郎は「うねり取り」について、次のような説明をすることが多かった。

「うねり取りは銘柄も道具（チャート、場帳、資料）も少なく、単純ともいえる手法だが、安定した利益を上げるのは難しく、努力が必要だ」

わかりやすく、1銘柄だけを対象としている状況を想定してみよう。

その1銘柄の動きを追うだけだから、日々の作業は時間を要さない。だが「取るべき」波を逃してしまったら何カ月もの間、ただ指をくわえてマーケットを見ているだけになってしまう。

いわゆる〝居過ごし〟である。また、うまく乗れたとしても、手仕舞いポイントを見逃してしまったら、これまた一大事だ。その失敗をカバーする手段がないからだ。

では、林投資研究所が提唱する低位株投資の手法「FAI投資法」ではどうだろうか。タイミングが取れずに波を逃してしまっても、ほかの銘柄を買う機会が残されている。上げ相場の中で買うのだから、深追いをしなければ、目先の利食いどころを逃しても、待っていればまた上がってくると期待できる。対象銘柄が多いから資料作成にも売買の実践にも手間がかかるが、失敗に対する許容度が大きいとも説明できる。

以上が、「うねり取り」と「FAI投資法」を難易度の観点で比較したときの相違点だ。

しかし輝太郎が「難しい」と言っていた理由には、「うねり取り」を実践する人の〝事情〟という観点もあった。それは、うねり取り実践者の多くが売買で生活費を稼ぐプロで、通常は年間で一定の利益を出す義務を負っていたということだ。

生活のために利益を上げる。利益が出ないと、生活費を捻出できないばかりか大切な元手が減ってしまうという大きなプレッシャーがあり、チャンスを逃してはいけないという〝待ったなし〟の状況があるのだから、総合的に難易度が高いと言わざるを得ない。

だが、売買手法としては極めてシンプルなのだから、むしろ初心者向け、あるいは万人向けの方法と位置づけてもいいはずである。

●本質に目が向く

多くの人が資産運用を始めるときは「何を選べばいいのか」と、選択の問題として行動を考える。債券がいいのか投信がいいのか、どんな投信がいいのか、あるいは株式投資か……この延長で、株を売買する場合にも銘柄至上主義になり、数多くの銘柄がある状況下で、ごく自然に「儲かる銘柄情報」を探すようになる。

だから、予測が外れたときの対処とか、価格の動きを見ながら臨機応変に数量を調整するといった観点から、完全に離れてしまうのである。

こういう現実をふまえると、うねり取りを行う、少なくとも練習段階では銘柄を1つに限定するという方法は、相場という行為を体感して、正しく理解する最短距離ではないか、という考えに至る。実は、輝太郎が亡くなる前、このことを本人に話したら同意していた。

FAI投資法のほうが、やや趣味的な銘柄選別の感覚を残しながらも一貫した手法を体感していくことになることから、輝太郎が「うねり取りよりもFAIをやったらどうか」と提案するケースも多かったが、あえてうねり取りを実践してみるという入り口にも、たいへん大きな意義があると私は結論づけた。

すでに別の方法で取り組んでいる人にとっても、「うねり取りを実践してきた職人的な相場師が、何を大切にしているのか」と真剣に考えてみることが、とても有効ではないかと思う。

私自身も手法を絞って実践しながら、異なる手法の特徴を見直してみたり、全く相容れない考え方をもつ人の売買をのぞき見ることがある。

自分が手がけている手法の長所と短所を再認識する、あるいは相場に対する根本的な考え方を再確認する、といった目的である。そんなふうに思考を巡らす中で、頭の中の情報を整理してくれるものとして、うねり取りはシンプルなだけに、使い勝手がいいと感じるのだ。

●繰り返し考える

以前から林投資研究所の来訪者は、相場で損して考えた結果、「よし自分の腕を上げよう」と考えて本を読んだ、という人が多い。だが最近は、これから相場を始めるという人の来訪も増えている。

そんな人にいきなり「月足をとりあえず100銘柄描きなさい」と言ったって、驚かれるだけだ。それならば、1銘柄だけを選んで毎日、終値を日足折れ線チャートに描き加えていくという提案のほうが、相場を考えるきっかけとして実行しやすくわかりやすい。

しかし、ただチャートを描くだけなんてつまらない。実際にポジションを取るという想定で取り組んでみたほうが、きちんと続けやすい。そのためには、教科書としての本が必要だろう。

1998年に発行された『うねり取り入門』（同友館、林輝太郎著）は、うねり取りにまつわる奥深い討論がたくさん盛り込まれていて、面白いし読み応えもあるのだが、少なくとも初心者にはいささか読みにくい。だから、教える立場として読みものを作りたいと考えて上梓したのが『うねり取り株式投資法　基本と実践』（マイルストーンズ刊）だ。

●自律的な上げ下げ

うねり取りは、極端に1銘柄に絞ることもできるが、いずれにしても数少ない銘柄に絞り込み、できるならば入れ替えることなく同じ銘柄を継続的に追いかけていく。

慣れた銘柄をさらに続けていくことで個別のクセをつかんでうまく泳げるし、自分で選んだ銘柄、つまり〝好きな〟銘柄を売買することで安心感が生まれるというのが優位点だ。〝アウェイ〟ではなく〝ホーム〟で戦おう、という発想である。

このように銘柄を固定する方式の反対は、銘柄選別の手法だ。例えばＦＡＩ投資法は低位株に絞り込んでいるし、銘柄を選定して範囲を限定する。しかし選定された銘柄の中で個人個人が銘柄を選別して入れ替えていくから、この部分は銘柄選別（選別投資）である。

さて銘柄を限定しようとすると、どうしても値動きの大きいものを選びたくなる。値段が動かなくては相場を張れないのだが、単に「大きく動く」という視点で選ぶと、どうしても荒っぽくて取りにくい銘柄に偏ってしまう。

そうではなく、ぼちぼちの動きがあれば十分なので、周期がわかりやすい銘柄を探し、「計画的な売買」の実現をイメージしたい。

中には、「最近、株価が１００倍になった銘柄があります」と２匹目のドジョウを見つけたがる人がいる。値幅を取るのが相場の醍醐味というのは間違っていないが、一獲千金の気持ちが強すぎるし、だいいち継続的に手がける銘柄という観点がどこにもない。

話を戻そう。周期のわかりやすい銘柄といっても、数多くある上場銘柄をひとつずつ見ていたら時間がかかる。だが、まずは消去法で的を絞ることができる。ＦＡＩ投資法でも取り上げるような、大きく居所を変える銘柄は、継続的に観察して年に数回、確実に取っていこうという売買には向かない。

また、値がさ株も扱いにくいものが多い。さらには、資本金の小さい小型株も、突飛な動きをしやすいので除外したい。

これら多くの事柄をまとめると、「何事も起こらない銘柄」ということになる。

悪材料も出なければ、逆に好材料もない、要するに多くの人が好む〝材料〟が、ゼロというのが理想のモデルだ。何も起きない銘柄でも、株価は自律的な上げ下げをみせてくれる。

実際には、小さな材料を内包しているともいえるが、アノマリーと呼ばれる季節的な変動や市場の人気の変化が「うねり」と呼ぶ変動をつくってくれるのである。

3カ月または6カ月を軸とした変動が自律的な上げ下げによるものであればあるほど、つまり材料や外部要因が少なければ少ないほど突飛な動きが少なくなり、「日柄を見ているだけで利益が出せる」というイメージに近づき実践しやすい。

●業態の変化

上場企業の業態は、以前のように社名と業種で簡単に分類できなくなってきているようだ。それに、1つの会社が1つの製品を作るうえで複数分野の技術が盛り込まれていて、それらをすべて自社でやっていることもあるだろう。

人員、取引先、資金が豊富な大手企業がソフトウエアやバイオの分野に進出する例もあるし、斜陽化した繊維産業が別分野に活路を見いだす、あるいは好調期に買い入れた不動産を管理することに収益を求めているケースもある。また、現在の水産会社は漁船を保有せず、商社というか食品加工業のようなイメージしかない。

うねり取りを深く考えていくと、こういった業種・業態の変化が気になってしまう。

産業発展のスピードが上がって新技術が次々と生まれ、刹那的な材料が非常に多くの企業と結びつけられるケースも多いので、前述した「自律的な上げ下げ」をジャマする要素が増えているのではないかという懸念だ。

だが、個別銘柄の株価には自律的な動きが歴然とあるし、評価が難しいうえに息の短い材料が数多くあるからこそ、銘柄を絞って「自分だけの答えを出す」という発想に大きな価値が見いだせると考えている。

●得意技

「専門をもて」とか「自分の得意技で勝負しろ」というのが、多くの実践者の言葉だ。

だが金融マーケットでは資金を引き揚げて別の銘柄に移るのが容易なので、こういった言葉を理解していながらもウロウロとしてしまいやすい。

売買を「仕事」のレベルにするために必要なのは、一部の手法を除けば、特別な能力でも特殊な経験でもない。だから、やり方を限定するか、銘柄を限定するか、という単純明快な考え方でいいと思う。

うねり取りにも売買の〝型〟があって好みで選ぶことになるが、うねり取りに限定する、少なくとも練習段階では銘柄を1つに限定する、その中で自分の好きな〝型〟、自信の持てるスタイルを確立するというのは、とても実行しやすい「トレードの再構築」だと確信している。

うねり取りを実践しないまでも、うねり取りという手法を実践している自分をリアルに想像してみることには、大きな意味があるのだ。

7. 手仕舞いは「仕舞い」にあらず

●微妙な心理がジャマをする

分散投資をしていると、ある銘柄が少し上昇したところで、「相場はこれから本番だ」など
と感じながらも持ち株の一部を利食い手仕舞いする場面がある。
これは、単一銘柄の売買における〝ツナギ売り〟のような感覚を含んでいる。「売ってみて、
その後の動きを今後の方針を考える基準にしよう」という発想のある、納得ずくの手仕舞い売
りである。それに、ポジションの多くは維持している状態だ。
それなのに本人の頭の中には、「この売りは、（今後のための）おまじないだ」などという
言葉が思い浮かぶ。戦略的に適正と考え、自らの意思で手仕舞いするのに、「自分が売ったあ
とに株価が急騰したらイヤだな」「カッコ悪い」といった気持ちもあるからだ。
誰かに報告するわけでもないのに、誰かに見られている状況を想像し、そんな言葉を思い浮
かべるのである。
売るために買っている、あるいは買い戻しを前提にカラ売りしているのに、いざ手仕舞いし

ようとすると実に複雑な思考が働いてしまう。頭脳を使いすぎ、行動に不要なブレーキをかけたり、必要なブレーキをかけなかったりするわけである。

●終わらせるのは難しい

男女の交際について、「くっつくのはカンタンだが、別れるにはエネルギーが必要」などといわれる。トレードにおける手仕舞い、つまりポジションとの〝別れ〟にも同じことがいえるのではないか。「銘柄に惚《ほ》れるな」というが、自分のポジションにはそれなりの思い入れが生じるのが人情だからである。

さて男女の関係に当てはめてみると、損切りは「合わない相手との別れ」だから、少しは迷いながらも決断しようと努める。しかし利食いの場合は、「仲良しの相手との別れ」である。毎日でも会いたいと思っている恋人と別れるなんて、想像することすら難しい。

買ったものが上がって高値圏で上手に売る行為は、関係良好な恋人とクリスマスの直前に別れるようなものだ。だから多くの人が、「損切りよりも利食いのほうが難しい」というのだ。

とにかく、手がけたものを終わりにする、関係を断ち切るというのは難しいのである。そして、その難しさは人間の感情によるものだということを認識しておく必要があるだろう。

●キャンディーズが最高

利食いが難しいとはいえ、区切りをつけて利益を確定し、次のトレードに向かうという流れが当然だと、理屈の上では納得できる。そこで、私たちにとってわかりやすい〝カッコイイ〟終わり方を考え、トレードに利用するというアプローチをしてみたい。

ちょっと古いが、例えばキャンディーズの解散である。ランちゃん、スーちゃん、ミキちゃんの3人組だったキャンディーズは1978年、人気絶頂の中で解散した。野外コンサートで行った突然の引退発表で「ふつうの女の子に戻りたい」と発言し、それが当時の流行語になったばかりか、今でも根強いファンがいるほどだ。

しかし例えば、イギリスのロックバンド「ザ・ローリングストーンズ」は50年以上も活動を続け、いまだに人気がある。実社会では彼らも実にカッコイイし、たとえ人気が落ちた状態で地味に活動を続けていたとしても、それはそれでカッコイイと思う。だが「終わる」ことが前提ならば、やはりキャンディーズの解散は「理想」ではないかと思うわけである。

さて買った株が上がったとき、どこで売り手仕舞いして終わりにするのか――。私たちトレーダーにとって永遠のテーマであり、おそらく明快な答えにたどり着くことはないだろう。

だからこそ、このような議論を展開しているのだ。

しかし、一応の答えを出さないと前には進めない。そこでキャンディーズだ。手間を惜しまずに安値を拾っていれば、少し上がっただけで「いつ売っても利益」という状況になる。

そんなとき、株価の上昇に気づいた周囲の人が騒ぎ出し、ガマンできなくなって参戦したり情報収集に力を注ぎ始めるのだ。興奮した彼らの様子を横目に、上昇の勢いがあって買い注文が多い中で売り手仕舞いを決行し、ラクラクと戦線から離脱するのが基本だと考えたい。

大きな相場があるのなら、ぜひとも取っておきたい。避けようのないヤラレをカバーするためだ。だが、売り損なうミスが圧倒的に多いから、まずは確実に手仕舞いして次のトレードに向かう流れを固め、次の段階で値幅狙いを目指すのが正しい順序だろう。

●支えとなるのは戦略

ここまで、私たちトレーダーが置かれている状況を整理した。「微妙な心理がジャマをする」「終わらせるのは難しい」というのが、よくある〝できない理由〟だ。それを打破するためのイメージが、「キャンディーズの解散」である。

ここから先は、キャンディーズの解散のように軽やかに撤退するための工夫を、さらに具体的に考えていきたい。しかし、枝葉末節なことばかりでは効果が期待できない。トレードの「幹」となるものがあるからこそ、個々の工夫が「枝」や「葉」として存在し得るはずだ。

幹となるものはズバリ、トレード戦略である。

戦略などというと、どうしても難しいものを想像してしまうが、要するに「どんなふうに利益を上げるか」ということだ。ここでは、戦略を構築する過程を、簡単に説明しておこう。

通常はボヤッとしたイメージ、漠然と値動きを想像するところがスタートではないだろうか。「この銘柄には、数カ月単位の振幅がある。この波を取れないだろうか」とか、「こっちの銘柄は落ち着きのない動きに見えるが、1週間前後の短期でこまめに利益が出せそうだ」といった、ナチュラルな発想でいいと思う。

こんなシンプルな発想も、そのままでは利用できないから、次の段階で〝肉付け〟していくことになる。「具体的にどんな動きを基に仕掛けを考え始めるのか」「何をきっかけに仕掛け始めるのか」といった事柄を想定することで、極めて自然に「では手仕舞いのポイントは？」と考えるようになるはずだ。

この過程には難しい理論など不要で、自然な感覚を具体的な売買に落とし込む当たり前の思考で十分。それで戦略を構築できる。

この大切な準備作業をする前にポジションを取るから混乱するのだ。

ちょっと落ち着いて考えれば、誰でも戦略をもってトレードに臨むことができる。そして、「手仕舞いは一連の行動の一部分だ」という認識が生まれ、必要以上に緊張することなく、ほどよく気楽に考えることができると私は考えている。

●「手仕舞い＝終わり」という発想を塗り替える

さて、「戦略があれば、うまくいく」というのが前段の結論だ。

しかし、戦略は日々、進化していくものだし、〝カネが増減する〟という生々しい結果を見ながら進むのだから、気持ちをラクにする個別の工夫も大切である。

生身の人間である以上、「手仕舞い＝終わり」と考えてしまう傾向がある。私は、この考えを全く別のものに塗りかえることを提案したい。

損切りすれば「負けを認める」ことになるし、利食い手仕舞いすれば「今後さらに利益が増える可能性を捨てる」ことだから、精神的なつらさがゼロになることはない。

でも、手仕舞いすればスッキリと身軽になるのだから、実は晴れ晴れとした状態をつくる積極的な行動だと認識できる。キャンディーズはふつうの女の子を目指し、実際は芸能界に復帰するという選択肢をもつ自由な立場を獲得したのだ。

トレードのポジションを閉じて現金の状態にすれば、以前と全く同じポジションをつくり直すことだってできるし、別の銘柄で別のポジションを取ることもできる。そのままポジションなしで新たなチャンスを探すとしても、誰にもジャマされずに実行できる状態になるのだ。

トレードは、継続的な行為だ。だから、手仕舞いのあとには次の仕掛けがある。手仕舞いは終わりではなく、次の仕掛けにつながるスタートの行動である――こんなふうに真逆に考えてみることも、複雑な心理がジャマをするトレードでは、とても有効なのである。

●塩漬けを嫌え！

人間は「やっちゃダメ」などといわれると、逆にやりたくなってしまう。「言っちゃダメだよ」とつけ加えた他人の秘密は、かなりのスピードで広まる。「さわるなキケン」と書いてあれば、特に男の場合、さわってみたくなる。どうキケンなのかを確認したい本能の欲求を満たすために、「限界を知る必要がある」といった言い訳が加わるのだ。

だからトレードを律するための工夫も、「やっちゃダメ」という否定形は効果が薄いか逆効果になる可能性があり、「こうしよう」という肯定形のほうが望ましい。例えば、「下がっただけで買ったらダメだ」ではなく、「下げ止まりを確認して買え」とか「上げ始めてから乗るんだ」というほうが、前向きで実行しやすい、つまり〝入ってくる〟言葉なのである。

だが、禁止事項の有効性だってあるはずだ。ラクに考えるのが重要とはいっても、ユルくならないようにするための一定の緊張感、ある程度のストレスは必要なのである。

トレードで最もダメなのは、手仕舞いの行動が遅すぎて塩漬けをつくってしまうことだ。

〝死に玉〟に資金を寝かせてリスクを取り続けるなんてバカバカしいことなのだが、頭で理解していてもやってしまうのが人間だ。ところが人間は器用だから、塩漬け状態でいることの気分の悪さをコトバで正当化する。塩漬けについては、あえて〝恐怖心〟というレベルに引き上げ、必死になって逃げ回るくらいの姿勢をもつべきではないかと思う。

●絶対の基準は「時間」

再び、〝ラク〟に考えられる肯定形の工夫を紹介したい。

「日柄を考えろ」といわれるように、トレードは常に時間との勝負である。「1割の利食い」といえば成功をイメージするが、10年間で1割ではリスクを取る意義を感じられない。ついい忘れてしまいがちだが、すべてが時間で説明できるのである。

手仕舞いも、単純に時間で考えればいいと思う。前述した戦略がほどほどに出来上がっていれば、単に「上がる」とか「下がる」ではなく「こんなふうに上がる」というように鮮明な値動きのイメージになっているはずで、あと一歩踏み込めば「約3カ月上がる」というように具体的な数字を出すことができる。

戦略の中で「3カ月後に上がっている」という自分自身の予測があれば、モヤモヤとした動きで3カ月が経過したら見込み違いでいったん切る、という発想が生まれるだろう。

もちろん、その予測と完全に異なる下げ方をしたら即、損切りを決断すべきだ。手仕舞いする理由が足りないから、塩漬けをつくりやすいのだ。手仕舞いの理由が増えれば、利食いも損切りも軽いものになり、継続的なトレードがスムーズに進行するというアイデアである。

「おいしい魚で酒を飲もう」と張り切って釣りに出かけたのに、釣果がゼロだったとする。帰り道に魚屋に寄るという選択肢は別にして、とりあえず時間で家に帰るだろう。

訪問セールスで思ったように売れなくても、帰りの電車がなくなるまで売り歩くことはないはずだ。その日は家に帰り、翌日からのやり方を見直すだろう。

トレードも同じである。スポーツなどと異なり、ポジションの保有期間は自分で決めることになるから、つい長引かせてしまうことが多い。

しかし、事前に想定した時間で区切るのが正しい。だからチャートのタテ軸の「値幅」ではなく、ヨコ軸の「時間」を重要な基準とするべきだし、そうすれば手仕舞いしない理由がなくなり、行動はひたすらスムーズになる。

「売るべし、買うべし、休むべし」という格言があるが、トレードを休む、あるいは状況に応じてポジションを減らすという行動は、多くの人にとって難しいようだ。だがこれも、前記のような日常生活の行動を当てはめれば、ごく当たり前のことだと感じられるはずだ。

次の行動のエネルギーを蓄えるための休み、情報が増えて混乱した頭の中をリセットするための休み――つまり、心地の良い時間を過ごすためにポジションを落とすんだ、という発想があると、これまた手仕舞いのイメージが大きく変わるのではないだろうか。

04

プロの視点で
相場と
向き合う
具体的方法

1. 個人投資家こそプロの視点をもつべき

●プロとアマチュア

プロとアマを分けるのは、何だろうか——。

1つめは、技術だ。プロは反復練習や経験によって、同じ動作を同じように再現する能力をそなえている。ゴルフの松山英樹選手は、小さいゴルフボールを正確に打って狙った場所に運ぶ。テニスの錦織圭選手は、ムリな体勢からラインぎりぎりに球を打ち返す。

2つめは、覚悟だ。プロフェッショナルなラーメン店ならば、季節による素材の変化や気候の差に関係なく、「同じ味を提供して客を満足させるぞ」と考え、それを技術が支える構図だ。

よく、「プロの技はスゴすぎるから、ちょっと上手なアマチュアに教わるのがいい」などと言う人がいるが、絶対に間違っている。

教え上手でないプロの弟子になったら、「技は自分で盗め！」なんてスポ根物語になってしまうかもしれないが、手本とすべきはプロで、プロのレベルにどこまで近づけるかを考えなければならない。命の次に大切なカネを動かすのが、株式投資というシゴトなのだから当然だ。

ところで、株式投資、トレードのプロは、何を大切にしているのだろうか。

多くの人が、ド派手な売買をイメージする。し烈な情報戦を通じて、ギリギリのタイミングでイチかバチかの売買を展開する、なんてことを想像する。それは、映画やドラマの見すぎだ。プロの日常なんて、絶対にドラマにならないほど地味で、クソつまらないことだらけなのだ。

そもそも〝秘密情報〟なんてないし、プロといえども明日の株価を知る術はないので、必死の予測だって当たったり外れたりの繰り返しである。

だから、小動物のようにビクビクしながらも、可能性がある場面では大きな利益を目指してねばる、といったメリハリをつけるのだが、すべての行動は実に淡々としたものだ。

生身の人間だから、勝ってうれしい、負けて悔しいのは当たり前でも、喜怒哀楽の幅を最小限に抑えている。そうでなかったら、毎日株価を見ながら命の次に大切なカネを動かしているうちに、すぐに廃人と化してしまうだろう。

「資金を大幅に減らしたら退場するしかない」という覚悟をもち、同時に「チャンスがあれば素早く行動する」のだ。安全第一を考えながらも、まるで野生の世界の行動スタイルである。

●個人投資家は自由だ

個人投資家が置かれている立場で最も特徴的なのは、「自由である」ということだ。

相場が上昇すると「持たざるリスク」なんて言葉を使う経済記者がいるが、とんでもない。個人投資家に、持たざるリスクなどない。あるのは、「やりすぎてしまうリスク」だけだ。会社勤めの人にしろ自営業者にしろ、本業で稼ぎ、その資金を温存することが第一なのだから、個人投資家に〝機会損失〟という発想は無用である。

攻める前に守る――トレード資金、売買数量、売買機会のすべてを抑えるくらいでちょうどいい。とにかく、攻めるも引くも自由、銘柄どころか市場を選ぶのも完全に自由だが、自由すぎて迷ってしまうのだ。

その迷いを解決しないまま、「とりあえずポジションを取って……」となるから、次の一手を決めかねて迷い、つらい決断の連続を強いられる悪循環のパターンに陥ることになる。

すべて自分で決めなければならないが、それこそ自由なのだから、思いついたことを自分のルールとして、自分に制約を課すようにするといいだろう。

例えば私は、裁量のトレードにおいて、「月曜日にポジションを増やす売買をしない」というルールを守っている。ポジションを減らす手仕舞いは月曜日でもOK、しかしポジションを増やす場合、絶対に月曜日だけは避ける、という決め事である。

「月曜日には、土日で考えに考え抜いた多くの人がサイアクの手を打つ」というのが、このルールの根底にある考え方だ。

「自分はちがうと思うのは、おごりだ。月曜の新規売買を自分に許すと、自然とダメな手を打つ人たちに近づいていく」という論理である。

月曜日から金曜日まで、週に5日の立会がある。1日1回、例えば朝の寄付で売買するだけというルールを考える。

手仕舞いのチャンスは毎週5回あるのに、仕掛けのチャンスは1回少ない4回、率にして5分の4、つまり20％もチャンスが減ってしまうのだが、この縛りがあることで、土日に新しいことを思いついて悩んだりする〝迷走〟から完全に解放される。

相場の先行きがわからない悩みは、ほかの参加者たちと全く同じだが、行動を制限することで迷いは確実に減少する。不自由なようで、実に自由な立ち位置を維持できている実感がある。

プロとアマの大きな差は、この「制約の有無」にあるといってもいいだろう。

組織に属するプロは、取引する市場からトレードサイズまで、かなり厳しくルールを決められている。おのずと、進むべき方向が定まり、パフォーマンス（結果）も安定する。

一匹狼の独立トレーダーも、「これで食っていかねばならない」という気持ちがあるので、ムチャはしない。自然と、活動範囲を限定する自分ルールをつくるようになる。

しかし、最後の決断は常に感性や好みによって「えいやっ！」とやることになるので、方向性が明確な中で、実に自由なトレードを展開しているといえるだろう。

●適切な〝制約〟を設ける

「プロには、方向性を定めてくれる適切な制約がある」ということについて、説明しよう。

床に30センチ幅で2本の線を引き、そこからはみ出さずに歩くのは造作もないことだろうが、地面から10メートルの高さにある30センチ幅の足場板だったら、難易度はかなり高くなる。

十分な能力があったとしても、状況によって〝できる〟〝できない〟に大きな差が生じるのだ。トレードにおいて、例えば引けあとに翌日の売買を考えるならば時間はたっぷりとあるが、結果を想像して緊張し、時間がある分だけ迷いも大きくなりがちだ。失敗を恐れるあまり、「10メートルの高さに足場板」と同じ状態になると認識しておくべきだろう。

さて、緊張した状態で勝つのは難しいので、緊張を軽減する工夫が必要である。それが、事前に決めておく「制約」のルールなのだ。

制約があれば選択肢が減って「不便になる」と感じるかもしれないが、前述したように、極めて自由になろうという発想なのだ。

例えば、駅のホームを歩く際に「どこでもいい」と制約を設けなかった場合、線路に近い端を歩き、足場板と同じように緊張してしまうかもしれない。

シラフでも、完全に自然な歩き方はできないだろう。でも「ホームの端は歩かない」と制約を設け、常に中央寄りだけを歩けば安心。歩き方も安定するだろう。

さらに、「人がたくさんいたらムリに移動しない」といった制約も加えれば、歩き方そのものは終始ラクで自然になるし、少なくとも線路に落ちてしまう危険性はほぼゼロだ。

もうひとつ、日常生活の例を考えてみる。

子どもを遊ばせるとしたら、どんな場所が適しているだろうか？

危険のある場所で遊ばせ、細かい禁止事項を示し、さらに一挙手一投足に目を光らせる……そんなのは非現実的だ。そうではなく、安全な遊び場を与えて、「好きに走り回りなさい」と言えば、ケガをする可能性が少ない状況で、子どもはのびのびと遊ぶ。

トレードでも、これと同じ設定をするべきだ。

ユルユルのルールでポジションをつくり、「ちょっとマズイ……」なんて状況になってから必死に考えたって、良いアイデアは浮かばない。まともな対処はできない。

それよりも、最初から一定の制約の中に身を置き、その中で、まるで子どものように自由に売り買いを決めていくほうが、ナチュラルな行動によって良い結果が期待できるはずだ。

ちょっと低めの限度を設定しておけば、感じたままに売ったり買ったりしても、雑な売買、乱暴な決断に近づくことなく、きちんと管理された中での「適正な〝遊び〟が実現する」という考え方である。

●自分に〝ダメ出し〟をしない

「制約を設けろ」と述べたが、禁止事項を守るのは心理的につらい、というか抵抗を感じるものだ。これはダメ、あれもダメでは、息が詰まる。それに、ダメだと言われると逆にやりたくなるのが人間の心理だ。

毎日飲みに出かける人が「よし週に3日は飲まずに帰ろう」と決心しても、なかなか実行できない。「行かない」という否定形の表現だからだ。

そうではなく、飲まずに帰って何をするか、どんな楽しい時間を過ごすことができるかを想像し、そこに目を向けるとエネルギーが湧くだろう。

例えば、「早く帰って犬の散歩をすると、同じく犬を連れたきれいな奥さんに出会える」とか（笑）。「散歩のあとはビールがうまいし、家飲みでこづかい節約」でもいいだろう。

自分でトレードルールを決める場合でも、肯定形がオススメだ。「〜しない」という否定形の発想がスタートでも、それを肯定形に置き換えればいいのである。

例えば、ポジションをダラダラと長引かせてしまうのが問題だと考えている、としよう。とりあえずは、「ダラダラと長引かせない」という否定形の表現が浮かぶかもしれない。

スタートは、それでＯＫ。でも、次に肯定形に変換し、ワクワクする結果を盛り込む工夫がほしい。

「自分のトレードは、調子の良いときに約1カ月だから、ちょうど1カ月で必ず手仕舞いすることにしよう。すると、悪いポジションが残らず、ムダがなくなり、スムーズなトレードに変わるだろう」というように。

制約を設ける目的は、制約なしでトレードして悪い状況に陥るのを防ぐことである。

つまり、制約があることで、より心地よい状況が生まれるわけだ。その心地よい状況をリアルに想像すれば、いざその時になっても、迷わずに自分のルール通りに行動できる。

トレードの制約は、自分を助けるルールなのだ。

しかし、冷静な頭で考えてつくるもの、いわば〝第三者の視点〟で生み出す規則だ。だから、プレーヤーとして決断の場に臨んだとき、「ジャマだ」と感じてしまうことがある。

自分で「やらない」と決めたことなのに、「この状況こそ、やるべきだ」なんて考えが浮かぶことが多々あるわけだ。

これが、トレードの非常にデリケートな部分だ。自分で決めたルールを破ってしまったらダメなのだが、細かく規定した中で裁量を入れるのも〝あり〟、というのが現実だろう。

少なくとも、ルールを大切にするのと同様、個人的な相場観や感性も尊重するべきだろう。

もちろん、その裁量の範囲も事前に決めておく必要があるので、それ自体がルールと呼べる。

ここが深くて難しい部分なのである。

2.「引き算」の思考で、行動の精度を高める

●交渉の余地はない

私たちは日常生活で、価格の交渉をすることができる。

「もう少し値引きしてもらえないかしら？」

「2つ買ったら安くなる？」

実際にするかどうかは人それぞれ、地域によっても温度差があるようだが、多くの場面で交渉が可能だ。ビジネスでは、取引先との相互繁栄、いわゆる「Win‐Win」が前提だが、交渉することもある。

例えば……

「次の納期を希望通りにするから、今回はこの値段で買ってくださいよ」

「即決済するので、3%値引きしてもらえないでしょうか？」

株の売買はどうだろう。

「指し値」という制度があるので一見、一般的な商取引と同じように交渉が可能だと感じる

が、それは錯覚である。

株式市場に特定の相手はいない、つまり「不特定多数の参加者」が集まっている場なので、価格は常に〝市場任せ〟なのだ。指し値という行為は、〝市場任せ〟で決まる価格の短期的なブレの範囲で値段を指定している、一方的に意思表示しているだけなのである。

では、私たち投資家、トレーダーは、「安く買う」「高く売る」を実現するために、なにをするべきか――。

最も大切なのは売り買いの「タイミング」である。チャートのタテ軸の「価格」とヨコ軸の「時間」、この2つの要素で「トレンド」を判断して行動を決するのである。

実際には、「タイミング」のほかに「数量のコントロール」があるが、簡潔に説明するために単発の売り買いで考える。

・「上がる」と思うから買う
・「下がる」と思うからカラ売りする
・「確信がもてない」からなにもしない

これらを具体的な行動に移す際、どんな要素を考える必要があるだろうか。

・トレンドの「変化点」を、どう判断するか
・どの「タイミング」で仕掛けるか
・トレンドがないと判断したら建てずに待つ
・「乗れたかどうか」を、どのように判断するか
・ダメだと判断する基準と「損切り」のタイミングは？
・乗れたときに「待つ」こと（ねばって利を伸ばす）

とりあえず思いつくことを並べてみたが、実に多くのことを考えて、自ら決断しなければならない。それが、ひたすら続くのがトレードである。

なおかつ、トレードの期間も数量の増減も、すべて自分の自由意思……無限の選択肢を抱えて前に進まなければならない。

「安く買う」「高く売る」というイメージに固執している余裕などないのだ。大きな波だと判断したならば、少しくらい高くても買う姿勢が求められるのである。

「交渉できる」という錯覚を完全にゼロにして、〝市場任せ〟の値動きに対する出処進退にエネルギーを集中させることが大切なのだ。

●足し算は効かない

タイミングをどう判断するか。

常につきまとうのが、予測の当たり外れという切実な問題であろう。どうしたって当たったり外れたり……だから、損切りの判断も含めた「ポジション操作」のタイミングを考えるのが正しい、と頭では理解できる。

一方で、見込み違いによるネガティブな感情は、ボディーブローのようなダメージとなるので、やはり「避けたい」と強く願う。

そこで、ほとんどの投資家が行うのが、複数の判断基準を重ねて「当てよう」とすることだ。シンプルな終値だけのチャートを使う人は、ほとんどいない。情報を処理しきれる確信などなくても、情報量の多いローソク足を好む。そのローソク足に、2本ほどの移動平均線を重ね、さらに……。

こうして判断材料を増やしても予測の的中率は上がらず、逆に下がるか、少なくとも迷いが生じる。いずれにしても、「なにをどうしたら、どのように調整できるかわからない」複雑なものをつくり上げてしまうケースがほとんどではないだろうか。

少なくとも、プレーヤーとして欠かせない「行動のコントロール」に振り向けるエネルギーが不足してしまうのが最大の懸念である。

カネのことだから真剣に考えるわけだが、「当てよう」という気持ちが強すぎて、混乱する投資家が非常に多いと感じる。

どうしても、「足し算」で精度を上げようとしてしまうのだ。

●効果の高い引き算

世の中のいろいろなことについて、私たちは足し算で臨むことが多いと思う。

ビジネスマンとして「より多くの知識をもとう！」と頑張ったり、メーカーが製品の機能を追加したり、オペレーションの質を高めようとルールを増やしたり……。

でも、引き算してみたり、思い切ってゼロに〝リセット〟してみることも必要だと思うのだ。

トレードでは、「足し算したくなる」のがふつうなので、引き算を意識することの有効性が高いのである。

カンタンに考えてみよう。

予測の精度を高めようとする足し算もあるが、トレード機会を増やす足し算もある。これら2つの〝複合型〟が、〝相場あるある〟なのだ。

「動意づく銘柄を、もっと正確に予測できないか」

・できるのなら、みんなやっているだろう。
「保合は逆張りで取って、大きなトレンドには順張りでもいいから乗ってねばる」
・そんな器用なことができたら、苦労はない。
「株はうねり取り、FXと225先物はデイトレ、仮想通貨も積極的に」
・金融市場は多数のプロがカネの取り合いをする場である。返り討ちに遭うだけだ。

世界中のプロたちと対峙するには、予測をする際の判断基準（要素）も手法も、絞り込むのが基本中の基本なのだ。

ゼロにしたうえで、1つだけ選んでみる。しばらくして、「もう1つ足しても大丈夫かな？」と慎重に検討する——この程度が限界だ。

1つの手法でも、ついトレード機会を増やそうと考えがちだ。

その原因は、「どうだろう……いまひとつ確信がもてない」という状況でも、「取り損なったらイヤだ」と考えて手を出してしまう心理だ。

「わからない」「ビミョー」といった状況を思い切って捨て、「よし、ここだ！」と思える状況のときだけ出動するようにして、「行動の精度」を高めるよう努めるべきである。

3. タテ軸を見るな！

●いわゆる「変化点」

株価変動は、うねりと呼ばれる適度な上げ下げあり、長く大きく上下するトレンドあり……。予測が難しいのは当然として、値動きに〝ついていく〟際の判断基準は、「天底」ではなく、いわゆる「変化点」であるべきだ。

「株で儲けるためには、安く買って高く売ることだ！」

実に当たり前の説明だが、この言葉のイメージをそのまま行動に移そうとしてもダメだ。

例えば、300円ではいつくばっていた銘柄が600円になった……すでに倍化しているわけだが、「勢いがある」と判断して600円で買う戦略だって否定できないだろう。

「安く」「高く」の部分が、有効な実践にはつながらないからである。

300円ではいつくばっている銘柄は下値不安がないから買い有利……これは正しい考え方なのだが、「いつ動き出すかわからない」というリスク要因を考えることも大切だろう。

正しい実践のイメージは、誤解を恐れずに表現すると、次のような言葉になる。

「高く買い、さらに高値で売る」

「逆張りで買うのが美しい」という観念があり、暴落時には「落ちてくるナイフをつかむな」とか「あえてナイフをつかみにいく」などと議論が起こるようだが、実践論ではピントがズレている気がする。視点がチャートの〝タテ軸〟だけに向いているからだ。

私たち投資家はチャートで値動きを見るが、タテ軸が価格、ヨコ軸が時間の経過、この2つの要素しかないのだから、2つを同じように見る、つまり「ヨコ軸を無視しない」姿勢が重要なのである。

「価格」と「時間」、2つの要素で、トレンドを判断する。

「勢いがある」とか「緩やか」とか、「ジリ高から急騰へ変化しそうだ」などと観察するときも、2つの要素のバランスを見ているのだ。

次ページの図は、値動きのイメージである。

下がって底を打ち、兆しの上げからビシッとした上昇トレンド、そして上げ止まって天井を形成、そのあと徐々に弱含んだあと下げトレンドに移行している。

私が意識するのは、明らかに上げに移ったと思える①、下げトレンドに移行したとしか思えない②のポイントだ。

図表4-1◎変化点（その1）

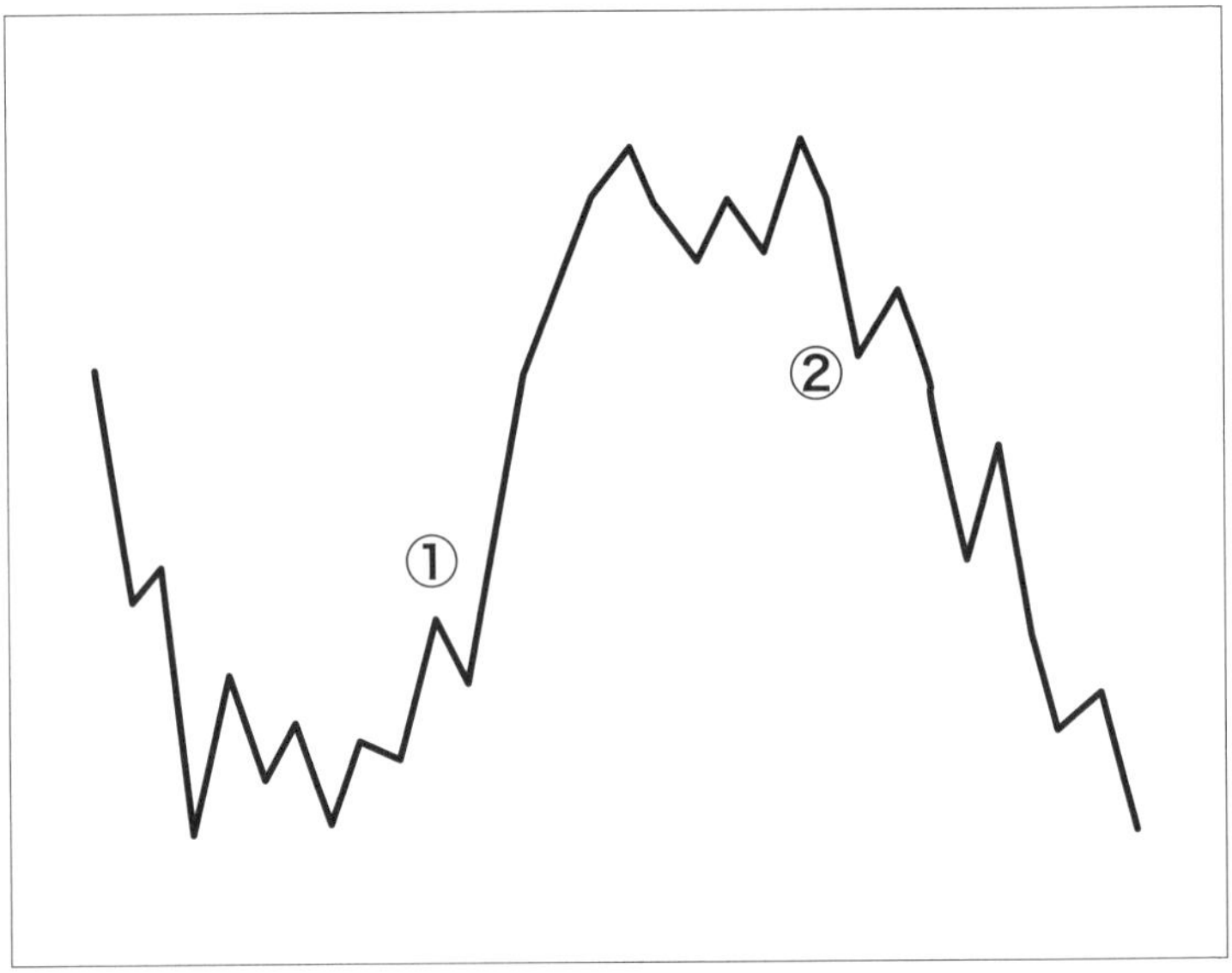

タテ軸だけに注目して、①②それぞれの手前でポジションを取ろうとしても、ひたすら苦しいだけだ。

いざ、思惑通りのトレンドがスタートしたときには精神的に疲弊していて、思ったほど値幅を取れずに降りてしまう……〝相場あるある〟だ。もちろん、エントリーの価格を有利（買い値を安く、売り値を高く）にする試みは否定できない。むしろ、積極的に考えるべきことだ。

でも、「以前に比べて安くなったから買い」「以前よりも高くなったからカラ売り」ではなく、「将来のトレンドが上下どちらか」を考えるのだから、エントリーのタイミングに関係なく、①や②の変化点を意識するのが正しいのだ。

図表4-2◎変化点（その2）

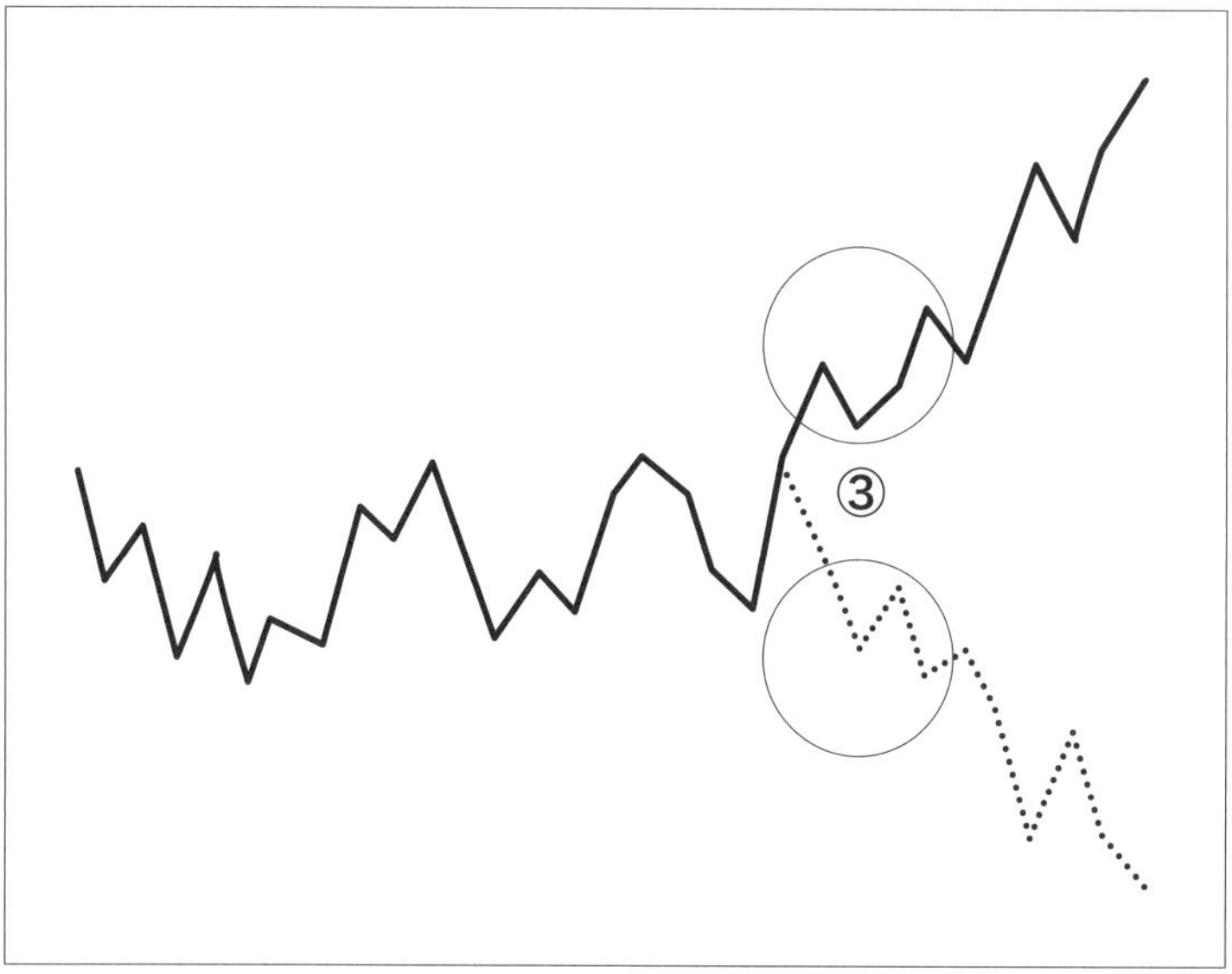

上の図は、保合（もちあい＝横ばいの動き）から上昇トレンド（実線）、あるいは下降トレンド（点線）に移行する値動きイメージだ。

図の丸印を通過したあとで、「上だ」「下だ」と判断して機敏に乗る、というのが基本のイメージである。

「天井」「底」といった観点が入り込む余地はない。

「割高か割安か」などと、答えが出ないことを必死に考えるのもムダ……。

こんな思考を土台にして「変化点」に注目し、「価格を有利にするために、どこまで先回りして行動を取ろうか」と考えるのが実践者の正しい姿勢なのだ。

●瞬発力の勝負

私は、「瞬発力」という言葉を大切にしている。

といっても、突発的な動きに乗って短期で儲ける……ということではない。

適正な瞬発力をもつために必要なのは、「待つ」イメージである。
・ポジションなしで値動きを見る（チャンスを待つ）
・波に乗れたらねばる（ポジションを維持して待つ）
・ダメだと思ったらサッと切る（次のチャンスを待つ）
「瞬発力」があるから、待つことができるのだ。

そのためには、自分のスタイルを決めてトレードに臨み、いざというときに自分らしくサッと行動する心構えが重要だ。

突発的な値動きを見て「なにかしてやろう」なんて、行きあたりばったり、思いつきで行動する気持ちが少しでもあると、カネが増減する相場の世界ではカンタンに自分を見失ってしまうだろう。

●同じ基準でも答えはいろいろ

トレードでは、命の次に大切なカネが増減するので、誰でも真剣だ。

だから、情報を幅広く集めたり、いろいろな角度から考えたりと工夫するのだろう。

ただ、「よし売ろう」「買い注文を出すよ」という最終段階に近いところで幅広く考えていると、これは実に不自由な状態である。

いや、念には念を入れて……と慎重なのは当然だが、「買いだな」と思ってから「いや待てよ……信用の取組は？」なんて思い出したようにチェックする項目がいくつもあったら、いつまでたっても決まらない。複雑すぎるのだ。

サッカー選手が試合の途中で、「ドリブルをスムーズにするためには、リズムが○○で左足の体重のかけ方が○○で……」なんて考えているようなもの。それは、練習中にやることだ！

緻密に考える作業は必要だ。いいかげんに売買する人が多すぎるともいえる。

ただし、手法の細部を詰めたり、あえてチマチマとした統計数値を気にしてみたりと、「事前に戦略そのものをじっくりと考える」ときの思考を、現場に持ち込んではいけないのである。

とはいえ、目の前でカネが増減する様子は、けっこうシュールだ。

この現実を受け入れることで、銘柄の選び方、ポジションサイズの決定も含めた資金管理の知恵など、実践的かつ実用的な作戦が浮かび上がるのだが、賢く計算しようとしても、うまくいかないことばかりなのである。

●「ドボン」を避けろ！

リスクの計算、資金管理、ポジションサイズ、ドローダウン（一時的な最大損失）……80年代のバブル期とは比べものにならないほど、考えるための言葉は豊富になった。

論理的、科学的な発想がある。でも、机の上の計算に傾いているケースが多いようだ。

プロのレベルで、同じ人が同じようにトレードしても、年間を通して振るわないこともある。逆に、手堅い方法で資金稼働率も低いのに、資金が大幅に増加する期間があったりもする。

自分の行動だけならブレをゼロにすることが可能だが、結果はブレまくるだろう。だから、例えば「3カ月で資金が10％増えたから、次の3カ月はトレードサイズも10％増」なんて計算は、通用しないのである。

「勝つことが前提でトレードすると考えて、差し支えないんですよね？　だったら、10％勝ったら、その先の期間も10％勝つ前提でトレードサイズを増やすのが当然じゃないですか」

こんなふうに反論されるのだが、この理屈は間違っている。

現実では、勝ちと負けが混在するからだ。

「勝つことが前提」とは、「一定期間が経過した時点で損益がプラス」ということだろう。

でも、10％勝った3カ月が、想定する「一定期間」なのだろうか？

3カ月で10％勝ったあと、次の1カ月で5％負けて、「4カ月トータルで5％の勝ち」が本来の「一定期間」の結果かもしれないのだ。

たまたま負けトレードからスタートする場合もあるので、ドローダウン（一時的な最大損失）を考えておくのが常識だが、「一時的なプラスを過大評価しない」という発想も同時に生まれるべきである。

そして、そのブレが思った以上に大きくて読み切れない……。

結果的に、一般投資家が丁寧に計算した結果の「ここまで大丈夫。トレードサイズはここまで大きくするべき」という数値は、十中八九やりすぎなのである。

だから、ホンネを言える立場のプロが「生き残り」とか「負けないやり方」と神経質な言葉を発してもウケがわるいのだが、こういう部分にこそ耳を傾けるべきだ。

目の色を変えて銘柄情報を探す路線とは、ベクトルそのものがちがう世界である。

●「枠」を決めて自由に！

トレードの成績不振は、資産の減少という笑えない事態につながる。小銭ならぬ大銭（おおぜに）を失うからだ。

だから、「こんな注意事項ばかり書いたら、読む人が減るんだよね……」と思いつつも、やめることができない。いや、そういったことがトレードの本質を形成しているというのがホンネなので、ウケ狙いの芸風に変えるつもりはない。

でも、禁止事項ばかり並べるのは嫌いだし、精神的にきゅうくつな状態でトレードするなんて、シゴトとしての売買でもイヤなものだ。感情的に受け入れ難いことは、実行できたとしても一時的だから、ムリなダイエット後のリバウンドのように、激ヤバな方向に突き進む危険性すらあるのだ。

ワクワク感、適度な笑い、〝遊び〟を入れる楽しみ――立場に関係なく大切なカネを扱う「トレード」だからこそ、こういった要素が不可欠ではないだろうか。

人間として、自然に行動する、ギクシャクすることなく高パフォーマンスを実現するには、かるい緊張感があるのがいいと思う。過度な緊張や、圧迫感なんてゼロにするべきだ。

「負けることもある」「生き残りが第一」としつこく言うのも、自由にのびのびと行動することを目指してほしいからなのだ。

でも、極めて常識的な人が〝のびのび〟行動すると行きすぎになるので、ストイックなイメージで狭めの「枠」を設定する。

その枠の中では、自由闊達《かったつ》に、感じるままに行動できる。

「よし、ここは少し早めに買って……」みたいな〝遊び〟も交えて、創造力を発揮することができるのだ。

「銘柄の選び方」とセットで考える「資金管理」の問題も、プレーヤーとしてチカラを発揮するための思考である。

事前にガッツリと考えておき、売り買いの決断はサッと行うのがベストだ。

サッカーならば、練習中にやるべきことは忘れ、その場で得点することに専念すべきだ。試合中にドリブルの足運びなんて悠長に考えていたら、シュートのチャンスは生まれないだろう。

もっと理解しやすい事例があった。ハレの舞台「結婚式」である。

例えば新郎が「ちゃんとカッコよく歩かなくちゃ！」と緊張し、右手と右足、左手と左足が同時に前に出る。例えば最後のあいさつで、用意した原稿の内容が頭から飛び、悪いと思いながら吹き出してしまうようなことを言ってしまう。

結婚式の列席者にとっても経験の少ない場だから、いささか緊張する。練習したスピーチはボロボロで、肝心な「おめでとう」のひと言さえ、ふだんのナチュラルさを欠いてしまう。

小うるさいことを、くどくど書き連ねた理由を、少しは納得してもらえただろうか。

4. 値頃感（ねごろかん）で相場を張るな

●価格と価値判断

そもそも株式投資は「値が動く」ことを前提に相場を張るのだから、〝適正価格〟を固定的に考えるのは難しい。

相場を行う、トレードを行う、といったことと無縁な人ならば、銘柄ごとに本当っぽい適正価格を示すかもしれないが、私たち実践者は適正価格という概念なんてわずかだったり、あるいはゼロだったりするかもしれない。

しかし、実際に売買するときには、「200円前後ならば買いだ」「500円くらいまでの上昇はあってもいい」などと、まさに価格だけでものを言うことがある。だからこそ、「では考えてみよう」という姿勢に意義があると思う。

もちろん人によって、また手法によって認識は大きく異なる。そもそも、「買いだ」と確信する人と「売りだ」と確信する人がいるからマーケットで価格がついているのだ。だから議論しても結論は出ないかもしれない。

しかしここでは「値頃感」という言葉について、相場技術論の観点からの説明を試みる。

●「禁！ 値頃感」

「値頃感をもつな」という、相場格言的な言葉がある。マーケットの価格は常に変動し、その日の価格を決定づけるその場の価値観は移り変わっていくから、固定的に考えてはいけない、という意味である。

会社の〝解散価値〟とされる一株純資産を株価が下回っていて割安といえる状況でも、実際に上昇しないのならば株を買う意味がない。逆に一株純資産の何倍にも買われて「割高だ」という声が増えたとしても、さらに上がるならば〝買い〟だ。

理論的な価値を当てはめて考えるのではなく、単純にトレンドを見る、これから先の動きだけを考えようという実践的な教えである。しかし前述したように「２００円前後ならば買いだ」といった発想が実践の中にはあるし、これ自体が悪いとは思わない。

●タテ軸とヨコ軸

別の項でも述べたが、チャートは２次元で、タテ軸の価格とヨコ軸の時間（日柄）の２つの要素で成り立っている。

しかし、ヨコ軸の時間を無視して価格だけで考えてしまうことがある。「買い値は250円だが現在値は200円」とか、「買い値よりも高くて100円利が乗っている」といった具合に。

状況を端的に表す説明としては問題ないが、常にこうやってタテ軸だけで考えると、チャートで観察する〝トレンド〟が見えなくなってしまう。

誇張して「日柄だけを見ろ」などというように、タテ軸の価格ばかりに目が向かないように注意するのがプレーヤーとしての心得であり、「値頃感をもつな」という戒めにもつながっているのである。

●トレンド観察と最終決断

売買を実行する過程は、いくつかの段階に分けることができると思う。

わかりやすく、「単発の買い仕掛け」について考えてみる。手法と銘柄が決まっていれば、あとは買うだけだが、「買う」過程を細かく分析してみようということだ。

第1段階では、チャートを見ながらトレンドを感じて、「いよいよ買い場だ」と判断する。

また、場帳による終値の観察で、チャートによる判断を再確認して確信が高まる。

しかし、依然としてポジションはゼロなのだから、その銘柄にかかわっていない状態である。

だから慎重に、値運びを注意深く見ながら日々考える。すると確信がさらに高まり、「うん、この210円割れは買ってもよさそうだ」といった言葉が浮かんできたりする。

この第2段階で、ようやく行動に近づくことになる。

この段階での限定的な値頃感は自然だと思うので、「悪いとは思わない」と述べた。

〝トレンドに乗る〟ことだけをイメージしているが、実際には「よし、今日買おう」と行動するためにスイッチを入れる必要がある。最後に発射ボタンを押すきっかけとして値頃感をもつのなら、それはむしろ大切にするべきなのかもしれない、ということだ。

ちなみにこの説明は、私個人の感覚である。人によっては、「そういう値頃感をもつ場合ともたない場合がある」と言うかもしれないし、「常に意識しない」と答える人もいるだろう。

●割高・割安

先ほど少し触れた「割高」「割安」という言葉にも、十分な注意を払いたい。

PER（株価収益率）、PBR（株価純資産倍率）、ROE（自己資本利益率）など、株価を計るための尺度はいろいろとある。

だが、それを使えば儲かるというわけではない。経済情勢や投機資金の動きなどが背景といっても、最後は「人気」としか説明できない〝参加者の評価〟で価格が決まるからだ。

しかし売買の実践を離れて語るのなら、割高・割安を明確にすることができる。例えば、ＰＢＲ（株価純資産倍率）によって割安といえる銘柄をランク付けしたり、「東証一部で最も割安な１００銘柄」をスクリーニング（条件による絞り込み）することも可能だ。さらにその銘柄群から「減益の会社を省く」といった、複数条件のスクリーニングも簡単だ。

だが、こうやって絞り込んだだけでは、実際の売り買いにはつながらない。売買法に応じた銘柄の選択が必要だし、予測法によって、さらに銘柄を絞り込んでいくことが不可欠だ。

日常の日本語として「割高」「割安」と便利に使うが、そんな言葉が頭に浮かんだときには、自分がそこにどんな意味をもたせているのかと自問してほしい。うっかりと、外部から入ってきた無責任な価値判断に染められていることもあり得るからだ。

「値頃感をもつな」といっても、値頃感そのものがいけないのではなく、最初から最後までチャートのタテ軸だけで考えると盲点ができる、というだけだ。

売買の意思決定が自分なりに正しければ、最後の決断では値頃を意識する発想が有効に働くのではないだろうか。

●安値覚え

関連したものとして、「安値覚え」という言葉を取り上げよう。

値頃感が悪い方向に作用することを示した相場用語である。

例えば300円前後で保合をみせているときに、「買いかな？」と感じたが実際には出動できず、350円まで上昇してから「やっぱり」ということがある。

さて、もしも350円までの上昇を見込んでいただけならば〝見逃し三振〟で終わりだが、500円前後までの上げを想定していて、なおかつ「動き始めてから乗ってもいい」と決めていたのならば、あらためて買うタイミングを計るだけである。

だが、実際には300円前後でもたついていたときのイメージがあり、「買うべきだった」という後悔の念もある。そして、「もう一度300円まで、いやせめて320円台まで下げてくれないか」というような発想になる。

これまた良くない心理を表現した「買いたい弱気」という状態になる。根底には、固定的な値頃感があるわけだ。

「安く買う」だけでは儲けるという目標は達成できず、高く買ってもさらに上がれば達成できる。

だから、条件つきではあるが、350円まで上がってきたあとでも「依然として買い」という判断はあり得る。人によっては、「実際に上がってきたからこそ買いだ」と考えるだろう。

「350円でも買いだ」という決断を前提に、さらに話を進めよう。

上昇の〝トレンド〟に目を向けていれば、実際に買い出動する基準だった「300円前後」という値頃感を修正し、例えば「340円台前半」としたり「少しブレて330円台もある」という感じになるかもしれない。

こうやって値頃感をつくり直せば、安値覚えを断ち切って相場の状況に合わせた行動を取れるようになる。

これは架空の設定ではあるが、もしも再び300円前後まで落ちたら、二番底というよりも「出損なって終わってしまった」という判断のほうが現実感があると思えないだろうか。

当然ながら、安値覚えの反対は「高値覚え」だ。よくあるのは、上昇トレンドでじっと粘って評価益が膨らんだのに売り損なう、というケースだろう。

「あれ、天井かな?」「わからないけど、売り手仕舞いが正解かもしれない」と感じながらも、優柔不断で固まったまま値動きを追っているうちに、「やっぱり売ろう」と思う。

しかし勢いよく上昇した時の高値が頭の中を支配し、「またあの値段まで戻ったら売ろう」「戻るだろう」「戻ってくれないと困る」……という具合に値頃感を強めてしまい、自分勝手な希望的観測の指し値を出したまま売り損なう、という悲劇だ。その売り指し値が希望通りに出来たときはもちろん、もう一段の上伸をみせるのである。

最後に、拙著『実践! 相場用語事典』から2項目を参考として掲載する。

【値頃】

値段の頃合い。売買の目安として適切と思われる価格。

株価の変動は激しく予想を裏切るのが常であるが、戦略に応じた一定の期間内（目先）において売買に適切な価格を想定するのは自然である。

【値頃感／値頃観】

価格を値頃（絶対値）によって判断し、利益を出すための予測に結びつけようとする感覚。例えば「400円は安い」「1500円はどう考えても異常だ」というもの。価格の上げ下げを取るのが相場なのだから、ある程度、値頃観をもっても不自然ではないし、それぞれの銘柄に地相場というものはあるが、値頃観だけに偏って割高・割安を考えてしまうと、価格の上下と時間の変化（日柄）をバランスよく捉えることができなくなる。日柄観測を怠らずに「値動きの波に乗る」ことを意識し、最終的な売買判断を助ける意味でもつ値頃観は自然なものといえる。

※『実践！相場用語事典』（林投資研究所刊）より

5. 手法を比較する～優劣や違いを考えるポイント

●本質はラーメンが教えてくれる

手法なり、手がける銘柄なりを選ぶ基準について質問されたとき、私はよくラーメンを例に出す。「ラーメンの種類と同じ、塩にするか、しょう油にするか……正解なんてないから、感じたままに選ぶだけです」。

「正解を示してほしい」という思考停止型のニーズに迎合しない回答なのだが、これだけでは身もふたもない。最後の「えいやっ！」という決断の前の理論が抜けているからだ。

ラーメンの場合なら、スープの味だけでなく、トッピングを何にするか、麺のゆで加減はかためかふつうか、等々の細かい選択肢がある。だが、そもそも「ラーメンでいいのか」という発想があるべきだし、さらには「いまメシを食うべきか」という議論があるのが本当だと思う。

例えば、大手証券の店頭で個人投資家が株式投資について相談し、「資金は150万円あります。日立と東芝、どちらを買うべきでしょうか？」と質問したとする。

私が思うに、「そりゃあ日立ですよ」と即答するのではないか。東芝は、かつて不正会計が大問題になったたし、２０１９年10月現在、原発事業の損失から東証二部に降格した状態なのだから、優良といえる日立を選びなさいというアドバイスが当然、ということだ。だが、それが株式投資の相談に対する〝正解〟かどうかはわからない。

そもそも、何を重視して買う銘柄を選びたいのかという観点が抜け落ちているから、表面をなぞっただけの投資相談としても成立していないと感じる。３カ月後の値上がりを期待するのか３年後の価格を考えているのかという、「期間」の問題も置き去りである。

対応した証券マンが経験豊富なら、こういった発想を持ち合わせているはずだが、投資家に考える姿勢がないという前提があるし、大手証券会社としては１５０万円の案件に時間を費やしていられないから、自信満々に即答し、スッキリした気分で日立を買ってもらうのが、とりあえず双方にとって〝正解〟なのである。

預金か投資商品かを考えさせる発言が本来の顧客本位なのだろうが、業者にそこまで求めるのは現実離れした過度な期待だ。だが、せめて「株でいいのですか？」と、〝投資商品選び〟を持ちかけてもいいのではないか——こう考えたくもなるが、それも過剰な期待といえる。

これまたラーメンに当てはめて考えるが、塩かしょう油かで迷っている客に「チャーハンが人気です」と言ってはいけないのである。「塩のダシが自慢です」とか「今日はまず、しょう油を食べてみてください」と背中を押すのが、店にとっても客にとっても〝正解〟なのだろう。

●正解とは何か

「正解」という言葉を何度も使ったが、実は2通りの異なる意味があった。「結果として儲かる」という意味の正解と、「その場がまるく収まる」という意味の正解である。

カネのことだから……と、業者が本当に親身になってくれることを期待するのがいけない。「その期待が無責任な押しつけの構図を生んでいる」「投資情報全般を安っぽいものにする一因である」くらいの認識をもち、業者に利用されるのではなく、業者を利用して自分だけの正解を出すように努めるべきだ。

自分だけの正解とは何か——。狭い意味ならば、「その決断が目先の利益になるか否か」である。買った銘柄が上がれば「正解だった」と表現するし、逆に下がってしまったら「売りが正解だった」とぼやくのが当然だ。

だが、予測そのものは当たったり外れたりが現実。必然的に、「長く続けるうえで、売買をきちんとコントロールできるもの」「土台となる指針を固めてくれるもの」が、真の意味での正解である。土台となるものがあれば、目先の上げ下げに対する「正解」も、意味というか、位置づけが異なってくる。

具体的な例を示そう。「ブレイクアウトで買う」というトレード戦略があったとする。保合を上に放れたら買う、ということだ。「保合放れによって上げが加速する」との前提で、「飛び乗って効率よく利益を取ろう」というわけだ。だが、「ブレイクアウト」の定義はさまざまで、この部分にも、〝自分だけの正解〟がある。もっぱら、「予測法」の要素である。

さて、実践の結果はどうなるだろうか。予測法の組み立て方にもよるが、いずれにしても百発百中とはいかない。ブレイクアウトとみて乗ったら目先の天井だった、という結末もある。

だが、自分自身の考えで定義したブレイクアウトで出動した以上、儲かっても損しても常に〝正解〟といえるのだ。ただし、「今回はダメだった」とポジションを放置する選択肢はない。戦略が功を奏したときに利食い手仕舞いを実行するのと同じように、ダメだったときの敗戦処理もきちんと行う。その後始末を前提として、「想定するパターンが発生したら出動するのが正解」という説明が成り立つのである。

●手法＝予測法ではない

本題の「手法」について説明したいが、まずは、「手法とは何か」を再確認しておこう。

多くの人が思い浮かべるのは、「相場の当て方」というイメージである。前述したように、手っ取り早く儲けたいという一般投資家のニーズに業者が応えている構図が原因である。

「いや、自分の実力をつけるべきだろう」と真面目に考える人でも、少なからず影響され、ついつい「手法＝予測法」というイメージをもっている。

予測が当たったときは、できるだけ利を伸ばしながらも確実に逃げて利益を確定しなければならない。予測が曲がったときは、「今回はダメだ」という決断の基準とタイミングが難しいが、とにかく被害を小さく抑えて撤退しなければならない。

ということで、予測法とポジション操作がセットになってはじめて、一連の行動をコントロールする具体的な方法になるのだ。

さらには、予期せぬ連敗もあるので（それも予期しておくのが本筋だが）、常に目いっぱいの売買をしたら〝あっという間〟にドボン、少しムリのある数量でも〝そのうちに〟ドボンする。資金が大幅に減って今まで通りの売買ができなくなるか、限りなくゼロに近づいて市場から強制退場となる。

だから、成功したときの効率を求めながらも、予測がダメダメな状況でも持ちこたえられる資金稼働率の設定、つまり「資金管理」が不可欠なのである。カッコよくカタカナで表現すると、「マネー・マネジメント」（Money Management）だ。

予測法、建玉法（ポジション操作法）、そして資金管理法……これら3つがバランスよく合わさったものが、「手法」と呼べる方法論なのである。予測が当たれば儲かるなんて、子どもじみた浅い考えだ――これくらい強烈な表現で再インプットしてもらいたい。

●手法の分類

手法を構成する３つの要素を示した。手法によって、３つの要素それぞれの比率が異なるのは当然だ。ある手法では出動場面を絞り込むことで勝率を高めている、ある手法ではポジション操作に重点を置いている、といった具合である。

すると、手法を分類する基準は多岐にわたり、それこそ考え始めたら混乱するだけだと思うかもしれないが、例えば「期間」で考えたらわかりやすいのではないか。超短期のデイトレードに対して、数カ月の上げ下げを軸に売買する「うねり取り」、というように区別が可能だ。林投資研究所が提唱する「ＦＡＩ投資法」では、売買の期間は短い場合で数週間、標準的には数カ月、そしてもう少し長くてもＯＫと説明できるが、月足で観察する上げ下げは3年、5年、10年と長期にわたる。ちなみに、ウォーレン・バフェット氏は、ビジネスモデルを評価するファンダメンタル分析が主体で、売買の期間が5年、10年と気が遠くなるほど長い。

私が「混乱のもとになる」と示した3つの要素も、実は分類の手がかりとなる。

ＦＡＩは銘柄選定を重視している、つまり、ポジション操作の要素、技術の要求度が低い。あえてかるい言い方をすれば、「銘柄発掘法」と呼べるのかもしれない。それに対して「うねり取り」を実現する技法でもある「中源線建玉法《ちゅうげんせんたてぎょくほう》」は、銘柄を固定してポジション操作で損益をコントロールしてトータルをプラスにしようとする方法だから、技術重視の手法である。

このように考えていくと、手法の共通点を見つけることもできる。

ＦＡＩも中源線も、万人向け投資情報のように表面的な分析によるものではなく、「株価が現実にどう動くか」という実質的な部分に目を向けている。

また、ＦＡＩは「技術の要求度が低い」と述べたが、銘柄を選定しただけで結果が決まるものではなく、手法の趣旨を理解した実践者自身が売り買いの具体的タイミングを決めるのだから、林投資研究所が提唱している「相場技術論」に則した手法であることに変わりはない。

●手法を選ぶラーメン理論

手法を分析、比較する観点は多岐にわたるが、重視したい点に絞ることで、自分なりの好き嫌いが明確になる。

手法として成立しているもの、つまり、予測法、建玉法、資金管理法が系統立ってまとめられていれば、良い悪いで優劣をつけるのは難しい。ただ、好き嫌いは言えるし、自分の環境や経験に合わせて「適切なものを選ぶ」ことも可能だ。

自分に合う手法を選ぶことが自分にとっての〝正解〟なのだが、やはり、ラーメンを選ぶときと同じように考えてみればいいと思う。

「ラーメンを選ぶときに理屈なんて考えない」と反論されるかもしれないが、何かしら評価のポイントはあるはずだ。例えば、「A店の細麺が好きだ」「B店のこってりスープがたまらない」「C店のチャーシューとしょう油スープは相性バツグンだ」という具合に。

これと同じで、自分が気づく範囲でいいから「この手法の特徴は何だ?」と考え、自分が継続できそうなものを選ぶことが重要だ。

純粋に「好きだ」と感じるものならば、楽しく集中できるし、一定期間続けて実力を高めることができる。なぜ好きなのかを理論的に考えておけば、雑多な情報に惑わされることもない。

ラーメンならば、「塩が最もシンプルで、具材の味を楽しめる」といった理屈で塩ラーメンを選び、食べるときは必ず塩味、そして塩ラーメンの味に敏感になることだ。ちなみにトレードでは、熟練のために狭い範囲に絞るのが望ましい。毎日3食、塩ラーメンでいいのだ。

評論家のように言葉を連ねることができなくてもいい。ほかの味を忘れてもいい。自分が専門とする塩ラーメンについての経験が積み重なり、「おっ、ダシのとり方を変えたのかな?」などと感じることができる――これが、プレーヤーに必要な感性ではないだろうか。

●売りと買い、どちらが勝つか?

手法を選び、それを自分の専門とする。手法を選ぶポイントを見つける――こんなふうに考えることで、ちまたにある投資情報の問題点が理解できる。

また、問題があるにもかかわらず自分に影響を与えているという事実、その度合いなども、自分なりに計測することができる。

こういったイメージがジワッと芽生えれば、それが〝確信ある自分流〟の土台となる、自分なりの投資哲学である。

「この銘柄、上がるの？」といった、表面的な〝正解探し〟には興味がなくなる。

ある銘柄が、3カ月間続く保合の上辺に達したとする。手法という観点をもたない人たちは、「ここから買えるのか」などと〝当てっこ〟感覚の会話をするだけだ。

実際には、手法Aでは逆張りで売り、手法Bでは順張りで買い、手法Cでは順張りで買う準備、手法Dでは何もしない、手法Eでは銘柄そのものが対象外……こういった区別が本当であろう。それぞれの対応が、それぞれの手法にとっての〝正解〟であり、株価が上がるか下がるかによる結果は、たまたまその1回の結果でしかないということだ。

市場で価格がつくということは、真剣な参加者の一方が売り、もう一方が買いと決断した結果である。だから、ある銘柄について「売ったAさんと買ったBさんのどちらが勝つか」なんて発想は、そもそも相場を行う者の感覚にはないのである。

売りと買いは真逆であり、そこに大多数の人の興味が向くのだが、実は「売り買いどちらでもいい」というのが実践家の発想で、「継続したポジション操作で値動きを泳ぐ」というイメージが本質だ。それをコントロールするのが、系統立ってまとめられた「手法」である。思い立ったら決め打ちでポジションをつくる、「当たってくれ」と願いながら結果をじっと見守る、ということではない。

本質に目が向くと、「買いたいと思う銘柄の試し玉はカラ売りだ」などという奇抜なアイデアにもつながる。

買いたいと思う銘柄を少しだけ買うのが素直な試し玉だが、少し買った、いけると判断したら買い増していくのが前提だから、値動きを素直に観察できないかもしれない。

そこで、カラ売りを実行する。カラ売りを仕掛けた状態で値動きを追い、イヤな感じがしたら本当に強い（買いだという見込みは正しい）と判断できる、という論理である。

すべてが計算通りに進むならば、買い戦略の試し玉がカラ売りというのはおかしい。

しかし、いくら論理的に考えても相場の予測は当たったり外れたりする。決して合理的ではない。そこに身を投じているのが生身の人間で、ひとりで考えて決断する身勝手な存在だから、これまた不合理だ。不合理と不合理が重なる以上、ひと工夫が効果を生むケースが多い。

日常会話だって同じである。とても大丈夫とはいえない状況でも、「大丈夫？」と聞かれたら「大丈夫です」と答えてしまう。「もしかしてヤバい？」とか「手助けが必要かな？」とやさしく聞いてもらうと、少しだけ素直になれるのではないか。

6. 過去は未来を映す鏡ではない

●未来に対する価値判断

相場を行ううえで実践者は、「絶対に上がる」とか「天井を打った！」などと予測を立ててポジションを取る。こういった感覚こそが、プレーヤーにとって必要不可欠な〝確信〟といえるだろう。

では、こういった確信をもって売買に臨むプレーヤーは、「上げるか下げるかの確率は常に50％」という大原則を無視したり忘れたりしているのか、全員が相場に適切な姿勢を失っているのか――こんな疑問について考えてみたい。

相場の先行きに対する予測、言い換えると「読み」がなかったら、ポジションを取ることができない。つまり、売りも買いも一切なにもできない。

そこで、「明日の相場がどうなるかなんて誰にもわからない」という大前提を忘れないように努めながらも、「将来の利益を狙って自分だけの読みをもち、それに沿ったポジションを取ろう」ということになる。

過去の価格は、過去の出来事にすぎない。取引所で多数の売り買いがあり、始値、高値、安値、終値の「4本値」が生まれるが、事実だけを切り取れば、個別の売り買いが、たまたま同じ場所で同じ時間帯に行われていただけだ。

だから、「値動きが連続する」との前提でチャートを描くことについて、よく考えてみれば、理論の裏付けは薄っぺらである。チャートを描く側の都合で「4本値」をつくり出し、線でつないだり、ローソク足にしているだけだといえる。終値は「その日の結論」との認識で重要視されるが、「たまたま取引終了時についた価格」といえば、それまでである。

こういった理屈は承知のうえで、プレーヤーとして行動するために、自分だけの価値観で、自分だけの〝答え〟を出すのが相場の予測である。基本の理屈をあえて棚上げし、自分がブレずに売り買いを連続していくために、大げさに言えば「世界にひとつだけの価値判断」を自らつくり出しているのである。

●当たるも八卦

予測が外れても気にしない。上がると思って買ったのに下がり始めたら、「はい曲がった」とひと言だけ発したら淡々と損切りする。でも悔しいから、その気持ちを大切に「次は当てよう」と努力する。

さらに負けても、当てようとする気持ちは捨てない。しかし、見込み違いならば、潔く撤退する。そして、また真剣に予測を立てる。いわば、努力や創造のエネルギーとなる感情を大切にして「自分は相場を読むことができる」と信じる一方で、予測が外れたときの対処は反射的に行うという具合に、実践者は日々、かなり器用なことをしているのだと思う。

「予測をするな」という戒めがある。これは、予測に固執して不適切な行動パターンに陥るなという意味である。

「この相場、どう思う?」という問いに対して、相手を煙に巻くために「予測はしません」と答えるなら理解できるが、心の底から「予測しません」と答えるのはプレーヤーではない。

●情報は増殖する

相場の世界で「情報」という単語を使うと、科学的なアプローチが盛んになった現在でも、「秘密のインサイダー情報」みたいなものを思い浮かべる向きが多い。少ない努力で大きな利益を上げるという「効率」を求めた行動こそ目指すべきものだが、現実を無視せずもっと丁寧に考えるべきだ。

「この銘柄が上がる」という単純な予測情報があったとする。これを聞いた〝丁寧さゼロの人〟が黙って買ったとしても、実にさまざまなことを考えるはずだ。

「何割くらい上がるか」「どれくらいの期間だろう」「どれくらいの数量を買おうか」などと思いを巡らせると同時に、利益の使い道まで妄想するかもしれない。また、いくらかは自分なりに調べるだろう。

こうして情報が増殖していくわけだが、きっかけとなった「上がる」という情報以外は、すべて自分の手でつくり出したものである。こういった、人間の内面で起こっている事柄が、相場を考えるうえでの〝メインディッシュ〟である。

昔から「経験則」なるものが数多くあり、中には意味深いものもあると感じるが、大半は、業界紙の記者が実にかるいノリで使ううちに「当たるみたいだ」というイメージを読者に刷り込んでしまっただけの怪しげな〝法則〟だと思う。

こんなところにも、情報を受信した者が情報を付加して膨らませる構図がある。

●他人の話を聞くときは

私が書いたインタビュー集（単行本）に『億を稼ぐトレーダーたち』というシリーズがある。これらの単行本について、インターネット上に書かれた感想を何気なく見ていたら、新しい切り口を評価してくれる声がある一方、「登場する人の詳細な手法が書かれていない」といったダメ出しをいくつか目にして、「なるほど、そういうものか」と思った。

それら悪評の中には、「だから、途中まで読んだところでゴミ箱行き」とか「読む価値なし」といった強烈なものもあって驚いたのだが、あえて内面のことを中心にインタビューしているので、ある意味、〝してやったり〟なのである。

俗っぽい話を盛り込んだ、いわゆる「売れ筋」を作ることのできない〝ひがみ〟かもしれないが、インタビューの場でも実際、手法について質問するのを忘れそうになることがあるくらい、相手のメンタル構造に目を向けているつもりだ。

いくら儲けたか、何を基準にしているのか、といったことよりも、それぞれの人が、基本の考え方を「どうまとめているか」「どのような言葉を、どのように使って自分の行動を律しているか」が興味の中心になっているからだ。

私の姿勢が唯一の正解だと言い切るつもりもないが、やみくもな「儲かる数式探し」に傾かないように気をつけてほしいと思う。

●えいやっ！

回りくどく丁寧に考えながら、「相場の予測とは何か」を私なりに掘り下げてみた。

マーケットには日々、いろいろな動きがあるので、つい走りっぱなしになりがちだが、立ち止まって丁寧に考える機会も大切だと確信するからだ。

だが、ポジション操作の途中で、こういったことを「あ〜でもない、こ〜でもない」と考えていたら、肝心の行動がギクシャクする。儲かる場面でも儲けられず、いらんことをして不要な損失をつくりかねない。

だから、考えるプロセスと、売り買いの具体的な行動は分離しておくべきだ。

考えて考えて、考え抜くと、たくさんの発想が生まれるが、大切かつ実行できそうなものだけを1つか2つ選んでテーマに設定し、そのテーマを意識しながら研究や実践を行ってみる、といったバランス感覚のある取り組み方が必要だと思う。

「研究といっても、実際に売買したら損益が生じるじゃないか」との反論もあるだろうが、数量をグッと抑えた練習売買、「練習」が気にくわなければ「実験売買」という呼び方でもいいから、自分のテーマについて答えを出すための〝実地訓練〟をやってほしい。

最終的に目指す状態は、延々と考えてから売り買いを決めるような〝燃費の悪い〟売買ではなく、動きを見て反射的に行動を決する状態、悩みが増大する中でも迷いなく行動する姿だ。

いくら研究したって過去は過去、決して未来を約束してくれる情報など見つかるはずがない。いくら理屈を並べたって、最後の最後は、未知の世界に向かって「えいやっ！」と売ったり買ったりするしかないのである。

7. 相場の予測とは何か〜相場の時間軸「過去・現在・未来」

●猫金

林輝太郎が書いた『財産づくりの株式投資』（同友館刊）に、「猫金ではダメ」という項目がある。これについて読者から何件かの質問があったので、説明しておきたい。

これは「ねこきん」と読むのだが、多くの人が「猫に小判」ということわざを連想し、〝相場における不適切な心持ち〟といったことを思い浮かべるようだが、ハズレである。

一応の相場用語として、拙著『実践 相場用語事典』にも掲載したので、その解説を以下に引用する。

> 株価の変動をあとから見ると、いかにも簡単に儲けられそうに思えるが、実際にやってみると大きなギャップがある。その錯覚と、錯覚したまま売買することの危険性を戒める言葉。
>
> 猫が向こうから歩いてきてもオスかメスかの判断はつかず、通り過ぎてからタマの

有無を見ることでしか判断がつかないことから、このようにいう。品のない言葉であるが、相場用語には、とても本に書けないようなひどいものがたくさんある。

過去の動きを見て慎重に戦略を立てても、実際に玉（ぎょく）を持つと期待と不安がそれぞれ増幅し、落ち着いた精神状態を維持することが困難となる。結局、どんな手法を用いても完ぺきな予測を立てることは不可能なためであり、そういう心理状態を中心に売買法、それに基づく戦略などを考えることが大切である。（引用終わり）

チャートをあとから見れば、「カンタンに儲かったのに……」と感じる。何かしらの動きがあるたびに、「買っておけばよかった」などと思う。

できそうなのに実際は実行できない、でも、感情的に捨てられない思いがある。

しかし、別の観点を持ち出せば、「捨ててはいけない」「あがきながら追い求めなければならない」と考えることもできる。

私たち実践者が考える、どこかバカバカしい事柄であると同時に、相場という行為の、実に奥深い部分ではないだろうか。そんな難しいことに対し、実にあっさりと「あきらめなさい」という答えを出しているのが、この猫金という言葉である。

ただ、私としては、父・輝太郎が使った記憶しかないので、勝手につくって一般的な相場用語だと言い張っていたか、業界のごく狭い範囲だけで使われていた言葉かもしれない、という疑念は残る。

「チャンスの女神に後ろ髪はない」と表現すれば美しいのだろうが、周囲を気にせず猫のタマを持ち出しているところや、日常の1コマを切り取ったような表現が面白いし、奥深いことを笑いに乗せているあたりが私は好きだ。本書の締めくくりのテーマとして掲げた「相場の時間軸」について、これほど人間の感情を言い表し、プレーヤーの心に響く言葉はない気がする。

●「現在」の認識

時間軸を、過去、現在、そして未来の3つに分けた場合、つい「現在」の認識が甘くなってしまうといわれる。いわく、「現状を認識できないとダメだ」と。

拙著『億トレⅢ』（マイルストーンズ刊）に登場する高山剛氏は、トレーダーでありながら証券会社のさまざまな実務に詳しいうえに知識の幅も広く、常に金融工学と仏教をつなげて考えている人物だ。

インタビューで彼は、次のように言っていた。

「現在に立脚しなければ、未来を考えることはできない」

「ダメな玉はいったん切るしかない」

「多くの実践者が誤っている」と高山氏も鋭く指摘した通り、自分の買い値が現在値よりも高いとか安いとか、そういった過去のことを持ち出し、それを未来の予測に投影させてしまうケースが多い。いや、〝投影〟などというカッコイイ言葉ではなく、〝ゴッチャにしている〟と表現すべきなのかもしれない。

しかし、「ダメな人の行動」と否定的に考えるのではなく、「誰もがやってしまうミス」と認識するべきだと思う。

高山氏に教わったことだが、金融工学では、実にニュートラル（中性的）にものごとを考える。明日でも来週でもいいが、これから先、上がるか下がるかの確率は常に五分と五分、半年間横ばいをみせていようが、直近の2週間で5倍になる急騰をみせていようが、「明日、上がるか下がるかは必ず50％」と定義するのだ。

そのうえで、「買い値を大きく下回っているならダメな玉、切るしかない」と冷徹に答えを出すべきだというのである。

●だから猫金

ダメな玉は切れ――。「だけど」とか「でも」などと、子どもじみたことを言わずに行動しろという、厳しいような、当たり前のような指針である。

猫の後ろ姿を見てタマの有無を確認する瞬間は、「過去、現在、未来」の「現在」だが、その一瞬前に戻ることはできないのだから、ある意味、すでに「過去」だといえる。

話をシンプルにするには、「現在」も「過去」だと考え、時間軸を「過去」と「未来」の2つにすればいい。決して哲学的なアプローチなどではなく、むしろ科学的な捉え方だと思う。

猫が近づいてくる段階で「オスかメスか」と予測したのは、間違いなく過去だ。

ネコが通り過ぎたところでタマを見た瞬間にその予測の当たり外れが判明するのだが、時間を逆回転させられない以上、タマを見た瞬間も過去であり、「次の猫が来たときにどう予測するか」が未来である。

●過去に縛られる度合い

前述したように、トレードを実践する私たちにとって、過去の値動きも現在値も「過去」である。猫金はダメという教えの通り、過去に縛られてはいけない。

ところが、未来の相場を科学的に予測することができないので、私たちは常に、過去の数字をもとに、未来に向けた行動を決めるしかないのである。

例えば、トレードシステムを評価するには、過去データによる検証（バックテスト）という方法がある。

過去の動きに対して、どんなタイミングで、どのようなシグナル（売買指示）が出たか、結果として損益がどうなったかを計算するのである。

このとき多くの人が気にするのは、「勝率」と「利益率」の2項目だろう。

「勝率」とは、個々の建玉について「勝ったか負けたか」を数字にしたものである。

「利益率」は、建て値（買った値段またはカラ売りを仕掛けた値段）に対して「何％の損益が出たか」だが、時間の経過も考えて〝年間の利回り〟に換算したものが標準だろう。あるいは、設定した資金全体が年間に何％増加したかを計算する。

もう少し突っ込んで考える人は、途中経過の損失を気にする。この部分について、少し脇道にそれるが、詳しく説明しておこう。

例えば、年間20％の利益があったとしても、半年が経過した時点で4割の損失、年の後半に取り返してプラスになった、なんて経緯では、現実に1年間継続するのは厳しい。

年初の1000万円が、夏になって600万円に減ったとする。この状態で、「うん、このシステムは年間20％のプラスが見込めるんだ。トレードを続けるよ」と言えるだろうか……難しいはずだ。

もちろん、実現損でなく評価損でも同じだ。シグナルに従って買いポジションを取ったところ半値になった状態で、「年末までには上がるから」と落ち着いていられるわけがない。

だから、システムを評価するときに、実現損も評価損も区別なく合計した〝途中での落ち込み〟をチェックするのである。この落ち込みを、「ドローダウン」と呼び、過去データで検証した際の「最大ドローダウン」（マキシマム・ドローダウン、MDD）を、実際に使ううえで〝起こり得る落ち込み〟として認識するわけである。

勝率、利益率、MDD……これらの数字によって、システムをほぼ完ぺきに評価できると考える向きもあるが、残念ながら、すべての現実が盛り込まれているわけではない。

検証といってもデータはすべて過去の値動きに依存しているのだから、「だいたい同じ動きが再現すれば」という条件つきなのだ。

そこで重要になるのが、そのトレードシステムの中身だ。根底にどんな考え方があるか、具体的にどのような強弱判定のルールが定められているか、ポジション操作を重視しているか、（重視していてもいなくても）どのようにポジションを取るか――これらを深く理解していないと、使ってみて結果が良くても悪くても、正しく評価することはできない。

過去データによる検証は、ある面で〝確固たる数値〟である。しかし、そこに固執すると、実用性という大切な要素から目がそれてしまうのだ。

過去の事実から未来を考えるしかないのが相場だが、過去に縛られる姿勢は避けなければならない。

著者

林 知之

はやし・ともゆき

1963年生まれ。幼少のころより投資・相場の世界に慣れ親しみ、株式投資の実践で成果を上げながら、独自の投資哲学を築き上げた。現在は、投資顧問会社「林投資研究所」の代表取締役。中源線建玉法、FAI投資法を中心に、個人投資家向けのアドバイスを行っている。また、投資助言、投資家向けセミナー等を精力的に行うかたわら、投資情報番組「マーケット・スクランブル」のコメンテーターも務めている。林投資研究所の創設者である故・林輝太郎は実父。

主な著書に『億を稼ぐトレーダーたち』『凄腕ディーラーの戦い方』『億トレⅢ』『うねり取り株式投資法』『東証1部24銘柄でらくらく2倍の低位株選別投資術』(マイルストーンズ)などがある。

林投資研究所のホームページ https://www.h-iro.co.jp/

プロが教える
株式投資の基礎知識新常識
儲かる仕組みとお金の増やし方

2019年12月12日　初版第1刷発行

著者……………………林 知之

発行者……………………細田聖一

発行所……………………マイルストーンズ合同会社

164-0011 東京都中野区中央1-4-5

http://www10.plala.or.jp/milestones/

発売所……………………丸善出版株式会社

101-0051 東京都千代田区神田神保町2-17

電話 03-3512-3256

https://www.maruzen-publishing.co.jp/

装幀……………………細田“vagabond”聖一

印刷所……………………大日本印刷株式会社

ISBN978-4-903282-07-7 C0033

好評発売中! マイルストーンズの投資書籍

【プロの視点】
うねり取り 株式投資法
基本と実践

どんな相場でも一生稼げる
「うねり取り」の技術書

林 知之［著］

A5判・280ページ・ソフトカバー
定価／本体2,500円＋税

ISBN978-4-903282-03-9 C0033

勝ち続ける人の投資法は驚くほどシンプルだ。価格の自律的な動き、自然に発生する変動を利用して利益を上げる「うねり取り」は、数多くのプロ相場師が好んで利用している。この「うねり取り」による売買法を基本から実践まで、丁寧にわかりやすく解説する。

第１章 投資情報の８割は有害／第２章 相場技術論とトレードの準備／
第３章 うねり取りを実践するための古典的手法／
第４章 うねり取り実践のポイント／
第５章 機械的判断でうねり取りを実現する「中源線建玉法」／
第６章 中源線の活用と運用上の注意／第７章 トレードは常に自分が中心

日本版マーケットの魔術師たちが語る成功の秘密

億を稼ぐトレーダーたち

成功者の結果だけを見てマネしても、大きな失敗をするだけ。
適切な自分流を築くためには、
成功した実践者たちの内面をしっかりと見つめることが大切です。

林 知之［著］

A5判・336ページ・ソフトカバー
定価／本体2,800円＋税

ISBN978-4-903282-02-2 C0033

表舞台にほとんど出てこない、日本人のスゴ腕トレーダーたちの赤裸々なトークがつまったインタビュー集。
日本版マーケットの魔術師9人の秘密を、あなた自身の相場に応用するための一冊。

柳葉 輝（専業個人トレーダー）／渡辺博文（大手アセットマネジメント・ファンドマネージャー）／杉山晴彦（個人トレーダー）／綿貫哲夫（証券ディーラー）／成宮宏志（元為替ディーラー、FAIメンバー）／西村正明（山前商事、プレーイングマネージャー）／橋田新作（個人トレーダー）／高橋良彰（エイ・ティ・トレーダーズ代表）／秋山 昇（個人トレーダー）

そして伝説へ……

億トレIII

プロ投資家のアタマの中

投資のプロたちは、何を見て、何を学んだのか
何を考え、どう行動したのか
何にこだわり、何を捨てたのか

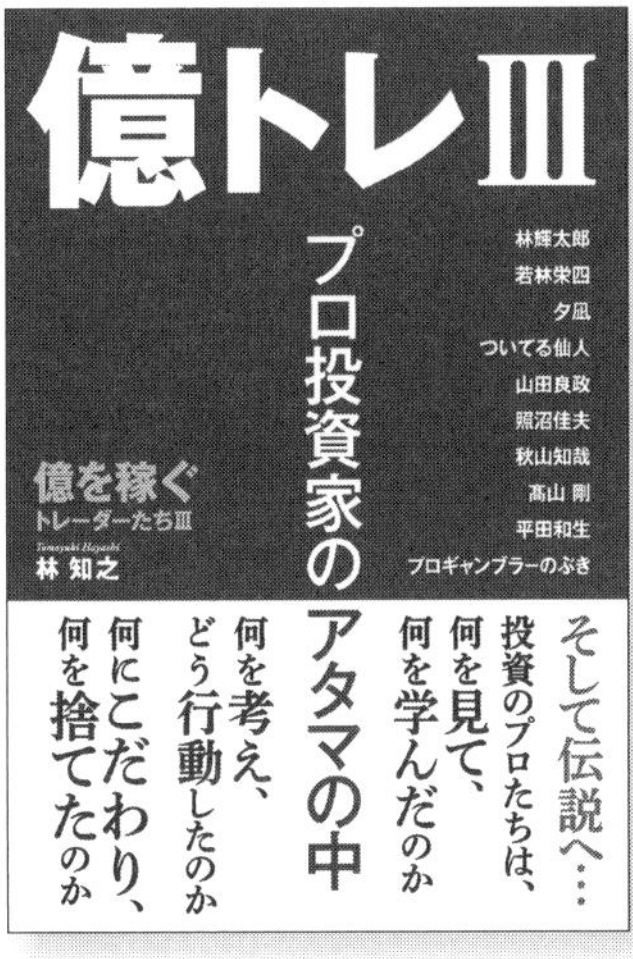

林 知之［著］

A5判・320ページ・ソフトカバー
定価／本体2,500円＋税

ISBN978-4-903282-05-3 C0033

名人、変人、天才、奇才……時に様々な呼ばれ方をするホンモノの相場師、専業トレーダーなど、プロ投資家のホンネ、決して揺らぐことのない成功哲学に迫る渾身のインタビュー集。6年に及ぶ長期取材を経て、今だからこそ伝えたいマーケットの真実、相場で稼ぐためのオキテを解き明かす。

林輝太郎／若林栄四／夕凪（ゆうなぎ）／
ついてる仙人（金子 稔）／山田良政／
照沼佳夫／秋山知哉／高山 剛／
平田和生／プロギャンブラーのぶき（新井乃武喜）

ISBN978-4-903282-06-0 C0033

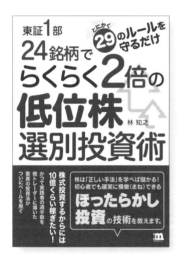